SAVIGNY.

Les pièces que contient ce petit volume forment dans leur ensemble un précieux monument de l'amour d'un homme distingué pour sa ville natale.

Quelques citoyens, pieux envers sa mémoire, les ont réunies.

S'il est glorieux pour une cité d'avoir donné le jour à un savant illustre, il l'est bien plus encore d'avoir été l'objet de ce culte tendre et constant qu'eut toujours pour Provins M. de Savigny.

Provins peut être fier de l'antiquité de son origine, de sa splendeur au moyen-âge, de son importance dans l'histoire; mais il doit être heureux de compter au nombre de ses enfants l'un des hommes d'élite les meilleurs de notre âge actuel. C'est de ta sève, Provins, de tes plus nobles éléments, que se formèrent cette âme, cet esprit, ce cœur, qui furent M. de Savigny! C'est sur ton sol fertile que l'adolescent, qui devait un jour illustrer la zoologie et la botanique, trouva les premières fleurs, les premiers êtres animés qui lui révélèrent les merveilles de la création ; le vent léger de la Ville-Haute lui apporta, sans doute, quelque brise des contrées lointaines, où, plus tard, la science devait l'entraîner; le mystère de tes ruines, à son propre insu, lui donna l'instinct de la rêverie, des recherches profondes. Aussi ne cessa-t-il jamais de te rapporter ses pensées et son affection. Sous le ciel d'Egypte, au milieu d'études, de travaux immenses; plus tard, au milieu de souffrances sans nom, il conserva le souvenir de son doux pays, de Provins, son premier, son dernier amour.

Mais si, à nos yeux, cet amour est le trait saillant de notre admirable concitoyen, gardons-nous d'oublier qu'il ne fut pas sa seule vertu. Les Vertus, comme les Grâces, se tiennent par la main. Au commencement de la chaîne, nous voyons la piété filiale de M. de Savigny pour une mère dont il partagea les adversités; puis son dévoûment à la science, puis sa constance dans la douleur pendant une épreuve de vingt-sept années ! La nature des bienfaits qu'il laisse après lui montre aussi qu'il savait le prix des liens de famille, dont sa rigoureuse destinée ne lui a pas permis de jouir. On frémit de penser quel vide leur privation eût laissé dans une pareille âme, si la Providence, par compensation, n'eût mis près de lui la sainte amitié.

Et maintenant qu'il dort au milieu des siens, dans cette terre qu'il a tant aimée, il retrouve une famille dans les Provinois. N'aura-t-il pas aussi une postérité dans les heureux qu'il aura faits ?

I.

Extrait du Registre des Délibérations du Conseil municipal de Provins.

Séance du 13 Octobre 1843.

Le Conseil municipal de la ville de Provins étant réuni dans la salle de ses délibérations, à l'Hôtel-de-Ville, M. le Maire expose que l'objet de cette réunion est de recevoir officiellement des mains de M. le docteur Leroi, de Versailles, mandataire de M. LELORGNE DE SAVIGNY, Membre de l'Institut et ancien Membre de l'Institut d'Egypte, un exemplaire du grand Ouvrage de l'Expédition d'Egypte, dont ce savant illustre veut enrichir Provins, son pays natal.

Pour une plus ample information, M. le Maire donne au Conseil communication de la lettre à lui adressée par M. Leroi, le 4 octobre courant :

« MONSIEUR LE MAIRE,

« L'un des enfants de la ville de Provins, M. SAVIGNY, Membre
« de l'Académie des Sciences, et l'un des savants les plus distingués
« de l'Institut d'Egypte, désirait depuis longtemps faire hommage à
« sa ville natale d'un exemplaire du magnifique ouvrage où se
« trouvent déposés ses plus importants travaux. Il espérait que

« l'affreuse maladie dont il est atteint depuis près de vingt ans, et
« qui l'empêche de supporter la lumière, l'abandonnerait un jour
« et qu'il pourrait lui-même remplir ce qu'il considère comme l'un
« des devoirs le plus doux à son cœur; mais, ce moment se trou-
« vant encore reculé, il ne veut pas que la ville de Provins soit
« privée plus longtemps de l'un des plus beaux trophées de la
« gloire française; il m'a donc chargé de vouloir bien le remplacer,
« et de venir offrir, en son nom, à l'Administration et au Conseil
« municipal de la ville de Provins, le grand Ouvrage d'Egypte.

« Voulant remplir fidèlement les intentions de mon savant et
« malheureux ami, je vous prie, M. le Maire, de vouloir bien indi-
« quer un jour où je pourrai me rendre à Provins, afin d'offrir
« officiellement à cette ville, dans la personne de ses représentants,
« ce don de l'un de ses enfants, qui, même au milieu de ses plus
« atroces douleurs, a toujours conservé d'elle le plus doux sou-
« venir.

« *Recevez, M. le Maire, l'assurance de ma considération*
« *distinguée,*

« *Signé* J.-A. LEROI. »

M. le Maire fait également connaître au Conseil, qui l'approuve à l'unanimité, la réponse qu'il a faite à M. Leroi, et par laquelle, au nom et comme représentant de la ville de Provins, il accepte pour elle avec empressement le magnifique présent de M. de Savigny.

Il ajoute que M. Leroi, par une autre lettre du 10 de ce mois, l'a informé qu'il se rendrait à Provins, aujourd'hui 13 octobre, à l'effet d'accomplir la mission qui lui est confiée, et que M. Leroi, étant arrivé, demande à renouveler devant l'assemblée du Conseil l'offre généreuse de M. de Savigny.

Sur l'avis empressé de tout le Conseil, M. le Maire ordonne que M. Leroi soit immédiatement introduit.

M. Leroi se présente accompagné de M. Chardon, bibliothécaire de la ville.

Après avoir reçu, par l'organe de M. le Maire, les remercîments du Conseil pour son obligeante entremise, M. Leroi lui donne lecture d'une lettre de M. de Savigny, conçue en ces termes :

« Monsieur le Maire,

« La ville de Provins m'a vu naitre; ma famille, mes plus
« anciens amis l'habitent, et pourtant il est peu probable que j'aie
« l'honneur d'être connu de vous. Une absence interminable, stérile
« depuis longues années, m'autorise à le penser. En vous annon-
« çant le prochain envoi de l'humble tribut que j'ose offrir à ma
« chère patrie, en vous priant de m'accorder à ce sujet un consen-
« tement qu'il me sera doux d'obtenir, je sens que je dois vous
« exposer les motifs qui me font agir, et vous dire qui je suis.

« Il serait superflu de vous parler de mon origine; il suffit que
« vous sachiez que mes parents ont habité la Ville-Haute durant
« plusieurs générations; j'y suis né en 1777. J'y ai fait mes études
« et passé mon enfance. Inconnu pour ainsi dire du reste de la
« ville que je connaissais à peine moi-même, un semblable isole-
« ment ne pouvait me déplaire, car il favorisait singulièrement
« mes inclinations naturelles, c'est-à-dire mon goût pour la soli-
« tude et mon penchant à l'observation. Je n'ai demeuré à la
« Ville-Basse qu'accidentellement en 1793. J'y ai pris rapidement
« une idée des sciences physiques les plus nouvelles, sous la direc-
« tion bienveillante de M. Bellanger, et c'est un fait que j'aime à
« me rappeler. J'ai quitté Provins la même année, à l'âge de seize
« ans et demi, envoyé à Paris sur le rapport d'une commission de
« trois examinateurs et conformément à un décret de la Conven-
« tion nationale, pour y suivre les cours de l'école de santé. Les
« cours de cette nouvelle école, substitués à ceux de l'ancienne
« faculté, n'étaient pas réservés aussi exclusivement à l'art de
« guérir. Les sciences propres à éclairer, à féconder cet art, la
« physique, la chimie, la botanique et d'autres branches de l'his-
« toire naturelle, devaient y être également enseignées. Des cours
« plus étendus sur ces mêmes sciences, ceux du Muséum d'histoire
« naturelle en particulier, m'étaient d'ailleurs ouverts.

« Nommé peu d'années après, pour quelques écrits sur la bota-
« nique, professeur à l'école centrale de la Seine-Inférieure, je fus
« ensuite et presque au même instant admis parmi les membres
« de la Commission dite des Sciences et Arts, destinée à se rendre
« avec l'armée française en Egypte, à parcourir cette contrée, à
« l'étudier et peut-être à s'y fixer. Je partis donc, non pour Rouen,
« mais pour Toulon, où je me rendis honoré d'un grade supérieur.
« Mes collègues étaient nombreux ; nous montâmes à bord en
« nous séparant, et le 20 mai 1798 l'ordre fut donné de mettre à la
« voile. Nous étions tous jeunes, brûlant d'impatience, la tête
« remplie de projets. L'émulation était générale ; et, malgré les
« revers qui dans la suite nous assaillirent tant de fois, elle ne fut
« jamais affaiblie. Je visitai non-seulement l'Egypte, depuis les
« bords de la Méditerranée jusqu'aux confins de la Nubie, mais encore
« les côtes du golfe de Suez, une partie notable de la Syrie, et ne
« rentrai en France qu'à la fin de 1801, ramené sur les derniers
« vaisseaux de l'expédition. J'y rentrai certain d'avoir pleinement
« accompli ma mission. Heureux de cette certitude, sans regrets
« sur le passé, ne songeant qu'avec joie à mes travaux à venir,
« j'eus encore, après une attente de quelques semaines, le bonheur
« de revoir Provins, de saluer ces murs sacrés qu'habitaient les
« compagnons, les protecteurs de mon enfance, de me retrouver
« au milieu de ma famille. Je passai plusieurs jours dans celle de
« M. Bellanger, accueilli et fêté par ses nombreux amis autant
« que j'eusse pu l'être par les miens. Depuis, retenu dans la capi-
« tale par le genre de mes occupations habituelles, je n'ai plus fait
« à Provins que de courtes et rares apparitions.

« Ce fut dans une de ces apparitions, le 3 ou le 4 septembre
« 1810, que me trouvant chez M. Laval, alors Maire de Provins,
« je parlai avec effusion de mon attachement à ma ville natale, et
« du moyen que j'aurais bientôt de le lui exprimer en lui offrant
« pour sa bibliothèque un exemplaire de la grande Description de
« l'Egypte, publiée par les ordres de Napoléon. L'intention que je
« manifestais fut écoutée avec faveur, et si je ne me trompe, elle
« fut consignée dans les annales de la Société libre d'Agriculture
« Sciences et Arts *(Rapport général de* 1810*)*, dont M. Laval, un
« de ses membres les plus honorables, était le président titulaire

« La Description de l'Egypte venait de se faire remarquer par l'éclat
« de sa première livraison. L'exemplaire dont je voulais faire un jour
« hommage à mes concitoyens n'était autre que celui auquel avait
« droit chacun des principaux auteurs de cette glorieuse publication.
« La tâche que le sort m'avait assigné dans cet important travail était
« relative à l'histoire naturelle des animaux, notamment à celle des
« animaux sans vertèbres ; toute de délicates observations, immense
« par ses détails, elle exigeait une grande persévérance, une per-
« sévérance dont j'étais loin de me sentir incapable ; mais, si mon
« ardeur était infinie, mes forces physiques étaient bornées, et
« malheureusement l'avenir ne parvint que trop à le démontrer.

« En effet, le 4 août 1817, je fus tout à coup atteint, spéciale-
« ment dans l'organe de la vue, d'une affection nerveuse très-
« grave, qui me força de suspendre immédiatement tout travail,
« et de me retirer à la campagne. Cette affection qui, suivant les
« médecins, devait diminuer par le repos et mettre cinq à six mois
« à se dissiper, s'étendit infiniment au-delà de ce terme. Fatigué
« à la longue d'une inaction qui m'était peu naturelle, je me lais-
« sais quelquefois aller à des études dont les occasions, à la cam-
« pagne, se multipliaient autour de moi. Enfin, je partis pour
« l'Italie dans l'espoir d'accélérer ma guérison, et dans le dessein
« de me livrer, sur les côtes du golfe Adriatique et de la Médi-
« terranée, à des recherches plus importantes sans être plus péril-
« leuses. Je prolongeai cette excursion jusqu'à la fin de 1822,
« époque où les obligations les plus impérieuses me rappelèrent à
« Paris. J'y revins, et peu de temps après je me remis sérieusement
« au travail. Je le repris trop tôt ; des symptômes de la nature la
« plus inquiétante ne tardèrent pas à se manifester. Je pressentais
« une rechute, je le disais ; mais rien de visible à l'extérieur ne
« paraissait justifier ce pressentiment. On hésita à me croire, et
« je succombai.

« Le temps s'écoulait au milieu de continuelles anxiétés, lorsque,
« le 20 mars 1824, se déclara brusquement la rechute tant redou-
« tée, ou plutôt une affection nerveuse mille fois plus grave, et
« dont rien ne put arrêter les progrès. C'était la funeste névrose,
« connue des médecins sous le nom *d'exaltation de la sensibilité*, liée
« dès son principe au sentiment d'une invincible terreur. Quoique

« commune à tous les organes des sens, cette nouvelle affection
« avait, comme la précédente, son siége principal dans l'organe de
« la vue. Elle ne pouvait, quelle que fût sa violence, amener la
« cécité, dans l'acception rigoureuse du mot, mais elle rendait peu
« à peu mes yeux incapables de supporter la lumière, et dans
« l'obscurité, toujours plus profonde où elle me forçait de me
« tenir, elle faisait briller une foule d'images vivement colorées,
« dont les émissions successives, réitérées à l'infini, me fatiguaient,
« m'obsédaient sans cesse. A ces premières apparences en succé-
« dèrent bientôt de plus formidables encore. Bientôt des phéno-
« mènes impétueux, lumineux, ardents, immenses, remplissant
« nuit et jour tout l'espace sous mille aspects divers, provoquèrent
« les crises les plus intenses, les plus déplorables. D'autres phéno-
« mènes distingués des précédents, moins par leurs formes et leurs
« couleurs que par leur redoutable influence, vinrent périodique-
« ment en accroître, en aggraver les effets. Aux sensations propres
« à la vue s'unirent un entraînement rapide en haut, en bas, en
« tous sens; une odeur fétide, des sifflements aigus, des sons
« harmonieux ou discordants, des voix humaines chantant, ou
« parlant, déclamant, et d'autres bruits non moins étranges. Le
« sommeil suspendait rarement ces détestables illusions, sans qu'il
« se produisît au réveil des visions menaçantes, bizarres, incom-
« préhensibles. Je citerai, comme une des plus fréquentes, la
« voûte spacieuse formée d'innombrables faces humaines, toutes
« également expressives, prenant je ne sais quel air inflexible, et
« fixant sur moi des regards sinistres.

« On le comprendra sans peine : un tel ébranlement du système
« nerveux m'interdisait non-seulement toute application, tout
« travail de l'esprit, mais encore toute relation sérieuse au dehors.
« M. Corbière, ministre de l'intérieur, instruit d'un état qui ne
« laissait plus d'espoir que dans un avenir éloigné, prit une réso-
« lution justifiée par les circonstances, et me la transmit, avec
« tous les ménagements possibles, par une lettre écrite le 19 mars
« 1825; lettre que les amis qui veillaient autour moi m'ont laissé
« longtemps ignorer.

« Le Ministre « sans renoncer à la publication ultérieure d'ob-
« servations plus étendues, m'invitait à confier pour le moment à

« M. Audouin, un de mes élèves, l'*explication sommaire* des planches
« dont la mise au jour ne pouvait plus être différée. » M. Audouin,
« depuis membre de l'Institut, était en 1825 un jeune naturaliste
« qui se regardait comme mon élève parce qu'il avait adopté mes
« principes. Obligé de renoncer à ma participation, il accepta
« néanmoins la tâche qui lui était proposée, et qui prise dans sa
« sincérité, poursuivie avec loyauté, devenait alors très-honorable,
« mais très-peu facile à remplir.

« Les médecins, consultés en 1824 sur l'avenir probable de ma
« maladie, en avaient généralement porté la durée à deux ou trois
« années. Cette fois encore leurs prévisions les moins rassurantes
« furent cruellement dépassées. Les années se succédèrent, se
« multiplièrent, sans amener autre chose qu'une diminution
« presque insensible, s'opérant à travers d'inexprimables tour-
« ments, et ne me laissant dans ma solitude de distractions
« possibles, pour faire diversion à tant de maux, que l'étude et la
« description quotidienne de ces mêmes tourments : journal
« unique, insensé peut-être, que j'ai dicté avec constance, en
« affrontant mille angoisses, dans la pensée qu'il donnerait un jour
« la juste intelligence des causes de si affreuses tortures.

« Cependant les années lentement accumulées pèsent aujourd'hui
sur ma tête de tout leur poids. Je sens, malgré moi, qu'il est
temps de ne plus vivre d'espérances, et d'oser enfin fixer les yeux
sur la réalité, quelque décourageante qu'elle soit. Peut-être
parviendrai-je encore à sauver d'une ruine complète plusieurs
des principaux débris de ce grand naufrage ; mais je veux avant
tout essayer de réaliser certains projets conçus dans des temps
plus heureux, et dont quelques-uns sont chers à mon cœur. Il
en est un qui s'offre d'abord à moi : c'est celui dont l'accomplissement est devenu obligatoire et sacré par l'engagement pris en
1810 auprès du premier magistrat de la ville de Provins, ou plutôt
en sa personne, auprès de la cité elle-même. Je fais donc en ce
moment retirer de la Bibliothèque Royale, où sont les épreuves
réservées à mon intention, la cinquième et dernière livraison de
la *Description de l'Egypte*, pour la réunir aux quatre précédentes
et les envoyer ensemble à la reliure. Comme il s'agit d'un exemplaire de choix, imprimé sur papier vélin, dont les planches de

« dimension très-diverse et parfois extrême, seraient facilement
« froissées, sa conservation exige la confection d'un meuble propre
« à le préserver de semblables accidents. Il faut que ce meuble,
« tout-à-fait spécial, puisse non-seulement recevoir les volumes
« debout ou couchés sur ses rayons, mais encore, en se transfor-
« mant, servir au besoin de table pour les consulter. Je veux de
« plus qu'il en signale le sujet par ses ornements extérieurs. Lorsque
« tous les volumes seront reliés, l'ouvrage sera renfermé dans le
« meuble susdit, et conduit immédiatement à Provins sous les yeux
« de mon honorable ami, M. le docteur Leroi, qui aura la bonté
« de me suppléer.

« Après avoir satisfait à ce premier devoir et à quelques autres,
« j'aborderai l'examen de la situation présente de mes travaux et
« aviserai au moyen de les faire terminer; entreprise difficile, qui
« sera pour moi pleine de périls et me demandera, je dois le dire
« un courage plus que humain. Si je triomphe des obstacles que
« je prévois, surtout de ceux qui proviendraient du trouble ou de
« l'épuisement de mes facultés, les planches déjà publiées, distri-
« buées convenablement et confiées à des mains habiles, avec les
« espèces et indications correspondantes, obtiendront toutes en
« peu de temps un texte définitif; les planches non publiées, trop
« nombreuses pour que leur absence n'eût pas laissé dans la suite
« une lacune bien regrettable, distribuées et confiées de même
« seront successivement achevées sur le plan des précédentes, et
« paraîtront également pourvues d'explications détaillées et pré-
« cises; l'impression des textes relatifs aux oiseaux, aux arachnides,
« aux ascidies, etc., brusquement et bien malheureusement inter-
« rompue, sera reprise; en un mot, si la partie systématique et
« purement descriptive n'atteint pas l'étendue et le degré de per-
« fection dont elle était susceptible, du moins n'offrira-t-elle plus
« que des sujets traités à fond et complets. Quant à la partie
« historique des diverses classes d'animaux, à l'histoire des animaux
« sacrés en particulier, comme elle se compose de faits et d'idées
« dont je ne puis transmettre l'enchaînement à personne, elle
« restera provisoirement ajournée, et, si le ciel ne me vient en
« aide, elle sera tôt ou tard définitivement abandonnée. La partie
« que je viens de présenter, comme susceptible en ce moment

« d'être terminée, sera publiée par petites livraisons. N'oubliez pas,
« M. le Maire, qu'avant et après mon décès, la bibliothèque de
« Provins aura droit à un exemplaire sur papier vélin de chacune
« de ces livraisons, et qu'elle devra le recevoir gratuitement à
« l'instant de la publication.

« Je vous prie, M. le Maire, de vouloir bien, en communiquant
« ces lignes au Conseil municipal, lui faire agréer mes hommages,
« et la ferme assurance que les sentiments d'affection profonde,
« conçus dans mon enfance pour la ville qui est ma première, ma
« vraie patrie, se sont conservés au fond de mon cœur, sans que le
« temps, l'éloignement, le malheur y aient jamais porté la moindre
« atteinte.

« *Veuillez aussi, M. le Maire, recevoir l'expression de ma plus haute*
« *considération.*

« J.-Cés. SAVIGNY. »

Gally, petit parc de Versailles, le 25 Septembre 1843.

La lecture de cette lettre, écoutée avec une religieuse attention, excite chez tous les membres de l'assemblée une vive et profonde émotion.

Le Maire, au nom de tous, prie M. Leroi d'exprimer à M. de Savigny les sentiments de sympathie et de reconnaissance dont est pénétré le Conseil, de lui faire connaître les vœux que forment ses concitoyens pour le rétablissement de sa santé et l'entier achèvement de ses œuvres, et de lui dire que Provins attachera toujours le plus grand prix à ce précieux ouvrage, où sont déposés les importants travaux de l'un de ses plus chers et de ses plus illustres enfants.

Le Conseil vote spontanément et à l'unanimité l'impression de la lettre de M. de Savigny et du procès-verbal de cette mémorable séance, à 400 exemplaires.

Il a été arrêté que dix exemplaires en seront conservés à la bibliothèque, qu'un autre exemplaire sera annexé à l'ouvrage de M. de Savigny, et que sa lettre manuscrite et toutes les pièces qui s'y rattachent seront déposées aux archives de la ville.

LES CONSEILLERS MUNICIPAUX :

MM. Destremau, *Maire,* Choiselat, Opoix, Lucquin, Meunier, M. Michelin, Viot, Parisot, Morin, Mattelin, Guérard, Briois, Bourgeat, Chenu, Millet, Marin, Chancenest, Arnoul, Marcilly, Prieur, Devert, Michaud, Lebeau.

Ajoutons ici que, selon le vœu du Conseil municipal, M. le Maire de Provins s'est rendu à Gally, pour offrir en personne, à M. de Savigny, les témoignages de l'affection et de la vive reconnaissance de ses concitoyens.

II.

Versailles, 8 Octobre 1851.

A M. MEUNIER, Maire de Provins.

« Monsieur le Maire,

« Mon ami, M. Savigny, dont j'ai été l'intermédiaire auprès du
« Conseil municipal de votre ville, il y a quelques années, vient de
« mourir, dimanche 5, à Gally, près de Versailles. Je suis chargé
« de vous prier, M. le Maire, de retenir pour lui une place dans le
« cimetière de S.-Quiriace, paroisse où il est né et dans laquelle il
« désire être enterré. En conséquence, veuillez avoir la complai-
« sance de faire préparer de suite son lieu de repos, et de vous
« entendre avec M. le Curé pour tous les apprêts que nécessitera
« cette triste cérémonie.

« Il est bon, M. le Maire, de vous faire connaître ce que la com-
« mission de l'Académie des Sciences, chargée des obsèques de
« M. de Savigny, vient d'arrêter : l'Académie fera célébrer à Saint-
« Sulpice, mardi à onze heures, un service auquel elle assistera en
« corps. Elle suivra le convoi jusqu'à la barrière de Fontainebleau,
« où seront prononcés les discours. Une députation doit se rendre
« à Provins, pour assister, le lendemain, au service préparé par
« vos soins.

« Dans la prévision de retards inévitables, le corps de M. de
« Savigny a été embaumé. L'administration des pompes funèbres
« doit le conduire à Provins, et comme elle ne va pas très-vite,
« peut-être faudra-t-il s'arrêter en route ; alors ce ne serait que le
« mercredi, de grand matin, que nous arriverions... Je dis nous,
« car M. Henri Lelorgne d'Ideville et Mlle Letellier de Sainte-
« Ville veulent accompagner M. de Savigny jusqu'à sa dernière
« demeure.

« Il est bien entendu, M. le Maire, qu'en vous priant de vous
« charger de tous ces détails, c'est à votre obligeance personnelle
« que nous comptons avoir recours, et que nous n'entendons
« grever la ville de Provins d'aucuns frais ; toutes les dépenses qui
« seront faites, à l'occasion de l'inhumation de M. Savigny, vous
« seront remboursées.

« Enfin, M. le Maire, je suis chargé de vous demander un der-
« nier service, c'est de faire préparer des billets de faire part, dont
« je vous envoie la formule, et que vous auriez la bonté de faire
« distribuer à toutes les personnes de Provins qui s'intéressent à la
« mémoire de leur excellent et si savant concitoyen.

« *Agréez, Monsieur le Maire, l'assurance de ma considération*
« *distinguée,*

« LEROI, M.-D.,

« Conservateur de la Bibliothèque de Versailles. »

M.

Vous êtes prié d'assister aux Convoi, Service & Enterrement de M. **Marie-Jules-César** Lelorgne de Savigny, Membre de l'Institut (Académie des Sciences), de l'ancien Institut d'Égypte, Officier de la Légion d'Honneur, décédé à Gally, petit parc de Versailles, dans sa 75ᵉ année, qui se feront Mercredi 15 Octobre 1851, à onze heures très-précises du matin, en l'Église de Saint-Quiriace.

De la part de M. et Mᵐᵉ DELZÈNE, M. et Mᵐᵉ TAXIL et leurs Enfants, M. le Baron LELORGNE D'IDEVILLE, MM. Léon et Henri LELORGNE D'IDEVILLE, M. le Baron Camille FAIN, Mᵐᵉ FAIN, M. et Mᵐᵉ FRANÇOIS, M. CRESPIN DE LA RACHÉE, M. le Capitaine BESNARD, M. Charles CATTET, M. Honoré BILLY, Mᵐᵉ PERROT-BILLY, Mᵐᵉ DEHEURLE-BILLY, M. LESTUMIER, et Mˡˡᵉ LETELLIER DE SAINTE-VILLE, ses Sœurs, Beaux-Frères, Nièces et Neveux, Cousins et Exécutrice testamentaire.

De la part aussi de M. le Maire et de MM. les Membres du Conseil Municipal de Provins.

III.

Feuille de Provins. — 11 Octobre 1851.

NÉCROLOGIE.

Un homme, dont notre cité peut à bon droit être fière, vient, après de longues années de cruelles souffrances, d'être enlevé à son pays, à ses amis, à sa famille. M. Lelorgne de Savigny, membre de l'académie des sciences, l'un des savants les plus distingués de l'ancienne commission scientifique de l'expédition d'Egypte, officier de la légion d'honneur, est mort à Versailles le cinq octobre dernier, dans sa 75e année.

Né en 1777, à la Ville-Haute, dans la maison maintenant habitée par M. Garnier, M. Lelorgne de Savigny fit ses études au collége de Provins. Une aptitude particulière pour les sciences naturelles le fit bientôt remarquer; il n'avait guères plus de seize ans lorsqu'il fut appelé à Paris pour y suivre les cours de physique, de chimie, de botanique et des autres branches de l'histoire naturelle. Peu d'années après, il fut nommé professeur à l'école centrale de la Seine-Inférieure, et admis ensuite parmi les membres de la commission des sciences destinée à se rendre avec l'armée française en Egypte. Depuis cette époque, M. de Savigny ne fit plus que de rares et bien courtes apparitions à Provins ; mais l'image de la patrie absente resta profondément gravée dans sa pensée, et l'âge ne fit qu'augmenter l'intérêt qu'il portait à sa ville natale.

Au mois d'octobre 1843, il offrait à la bibliothèque de Provins un magnifique exemplaire du grand ouvrage sur l'Egypte, enrichi de notes précieuses, et joignait à ce don celui d'un très-beau meuble en acajou massif, destiné à le renfermer.

Le 3 novembre 1849, M. Marin, maire de Provins, recevait encore de lui la lettre suivante :

« Monsieur le Maire,

« Je n'ai, à mon grand regret, d'autre voie que celle de la poste
« pour déposer entre vos mains un pli cacheté, portant sur son
» enveloppe, avec votre adresse, l'indication du jour où il sera
« nécessaire que vous en preniez connaissance. Ce pli peut inté-
« resser, par son contenu, bon nombre des enfants de ma bien-
« aimée patrie. J'ose espérer, Monsieur le Maire, que vous consen-
« tirez à en recevoir le dépôt, et que la décision que vous me ferez
« parvenir me procurera un instant de bonheur, en répondant à
« mon attente.
« Veuillez, Monsieur le Maire, recevoir l'assurance de ma plus
« haute considération, et faire agréer au Conseil municipal mon
« respectueux dévouement.

« LELORGNE DE SAVIGNY. »

Après la lecture de cette lettre, le Conseil municipal prit la délibération suivante :

« Le Conseil municipal, se faisant l'organe de la ville entière, saisit avec empressement l'occasion qui lui est offerte de témoigner sa reconnaissance à M. Lelorgne de Savigny, pour les nombreuses marques d'attachement qu'il a données à la ville, et pour l'intérêt qu'il veut bien lui porter encore.

« A l'égard du pli dont il vient d'être question, le Conseil décide que cette pièce, préalablement contre-signée par son président et son secrétaire, sera déposée aux archives de la Mairie, dans un lieu connu seulement de ces deux fonctionnaires, et sous la garde de M. le Maire. »

Les termes de la lettre de M. de Savigny au Maire doivent faire supposer que, non content d'avoir enrichi son pays pendant sa vie, notre regrettable compatriote avait voulu que ses bienfaits lui survécussent. Les deux lettres que nous publions ci-après, adressées à M. Choiselat, à l'obligeance bien connue duquel nous en devons la communication, donnent un nouveau poids à cette supposition.

Versailles, le 20 Mai 1849.

« Mon vieil Ami,

« Après un silence de bien des années, le temps amène une
« circonstance qui me le fait rompre, et qui vous le fera rompre
« aussi, du moins je l'espère. La demande, objet de cette lettre,
« vous surprendra; mais, quelque singulière qu'elle puisse vous
« paraître, elle n'en est pas moins faite dans un but très-sérieux.
« Il s'agit de savoir laquelle, de la ville-haute ou de la ville-basse,
« possède le plus de familles pauvres, vivant du travail de leurs
« mains et n'ayant que très-peu de chose à partager entre leurs
« enfants. En supposant une différence, dans quelle proportion
« cette différence existe-t-elle? La place que vous avez longtemps
« occupée dans les contributions directes me persuade que vous
« êtes plus que personne en état de résoudre cette question. Si je
« ne m'abuse pas et que vous puissiez en effet me procurer avec
« quelque précision la solution que je désire, vous me rendrez un
« service très-important. Je crains toutefois que la chose ne soit

« pas facile ; dans le cas où vous seriez obligé de consulter quelques
« personnes, il faudrait le faire sans communiquer ma lettre, car
« le désir qu'elle exprime est un secret qui doit rester pour le
« moment entre vous et moi.

« J'ai longtemps espéré que je pourrais revoir un jour notre
« chère patrie, me retrouver, ne fût-ce que quelques instants, au
« milieu de mes premières relations, et vous presser la main, à
« vous qui êtes le plus ancien et, je puis le dire avec vérité, le
« plus sincère de mes amis. Mais il paraît que le sort en décide
« autrement. Je suis obligé de me conformer à sa volonté et de
« me borner à souhaiter que votre première lettre m'apporte
« d'heureuses nouvelles, de vous, mon ami, des personnes de ma
« famille et de nos amis communs. Recevez, je vous prie, une nou-
» velle assurance de mon inaltérable amitié. Adieu, je vous
« embrasse de cœur.

« J.-C. SAVIGNY,

« Membre de l'Institut. »

Versailles, le 6 Juin 1849.

« Mon digne Ami,

« Les renseignements que vous venez de me transmettre me
« tirent d'un grand embarras. On voit assez qu'ils sont complets et
« puisés à bonne source ; je vous en remercie. Malheureusement,
« je ne sors d'une difficulté que pour entrer dans une autre non
« moins grave, et je ne puis triompher de celle-ci sans avoir de
« nouveau recours à votre obligeance et à vos lumières. En vous
« parlant de cette nouvelle difficulté, je voudrais qu'il me fût
« possible de vous l'exposer tout de suite, mais je manque pour
« cela de notions absolument indispensables. Ne pourriez-vous, en
« attendant, me dire quel est celui de nos concitoyens qui exerce
« aujourd'hui les fonctions de Maire. Vous devez le connaître
« beaucoup ; vos rapports avec lui sont-ils fréquents ? le seraient-
« ils assez pour qu'il vous fût facile de devenir l'intermédiaire dans

« des relations qui ne sauraient être directes tant qu'elles ne pour-
« ront être officielles. C'est un point que j'ai réellement besoin de
« savoir.

« Ce que vous me dites des commencements de notre liaison
« m'a vivement touché. Je conçois le plaisir que vous prenez à vous
« rappeler ces douces heures que nous avons passées ensemble
« dans notre première jeunesse. Ces heures sont aujourd'hui bien
« loin de nous; elles me reviennent aussi quelquefois à l'esprit,
« mais c'est un souvenir dont je cherche à me distraire, car le
« contraste qu'il m'offre, quand je réfléchis à ma situation depuis
« longues années, me fait éprouver un sentiment bien pénible.

« Mes remercîments sont un peu tardifs, mais je ne puis me
« livrer à une correspondance bien active. Adieu, mon bon ami,
« tout à vous de cœur.

« J.-C. SAVIGNY. »

IV.

SERVICE FUNÈBRE A S.-SULPICE.

Aujourd'hui mardi 14 octobre, à onze heures, ont eu lieu à Saint-Sulpice, au milieu d'un grand concours de savants, les funérailles de M. de Savigny, membre de l'Institut.

MM. Rayer, président de l'Académie des Sciences, Duméril, Jomard et de Villiers, tenaient les cordons du char. On remarquait encore parmi les assistants : MM. Isidore Geoffroy-Saint-Hilaire, Flourens, Cordier, Mauvais, Milne Edwards, Combes, Faye, Laugier, Patin, Tissot, Lebrun, Horace Vernet, Couder, Lemaire, Adam, Berlioz, Alexandre Martin, etc., etc. M. Bonafous (de Turin), correspondant de l'Institut; M. Pingard, chef du secrétariat de l'Institut; M. Meunier, dessinateur du Museum d'histoire naturelle ; M. Montagne, de la Commission d'Egypte, s'y trouvaient aussi.

Tous les yeux se portaient sur MM. Jomard, Marcel, de Villiers et Cordier, les seuls membres survivants de l'Institut d'Egypte, qui venaient rendre les derniers devoirs à leur ancien confrère.

Après l'office religieux, le cortége s'est dirigé vers la Barrière-d'Enfer, où une voiture attendait la dépouille mortelle de M. de Savigny pour la transporter à Provins. Avant cette dernière séparation, M. Isidore Geoffroy-Saint-Hilaire a prononcé un discours auprès du cercueil de son vénérable collègue. M. Jomard a ensuite improvisé quelques paroles bien dignes d'être recueillies.

(Extrait des journaux de Paris.)

Provins s'est justement ému en lisant ces détails. On s'informa, on apprit que le corps de M. de Savigny devait arriver le 14 au soir. Des Religieuses Célestines l'attendaient dans l'église de S.-Quiriace, sa paroisse, pour le garder, en prières, jusqu'à l'heure du service..... Cependant, le matin, rien ne paraissait encore. Les vieux amis de M. de Savigny, suivis d'autres notables habitants, se portèrent sur la route de Paris pour épier l'instant où ils le verraient apparaître. Leur attente fut longtemps trompée. Ils craignaient quelque accident, lorsque vers onze heures ils virent enfin les voitures. C'était le corbillard suivi des parents (entre autres de M. Lelorgne d'Ideville), de M. Vitry, de Mlle Letellier de Sainte-Ville (l'exécutrice testamentaire), et de M. Leroi (le médecin et l'ami de l'illustre défunt). — Et de suite le cortége se rendit à l'église où tout était préparé pour le recevoir dignement.

V.

Feuille de Provins. — 18 *octobre* 1851.

Les obsèques de M. de Savigny ont eu lieu mercredi dernier dans l'église de S.-Quiriace, en présence d'un concours considérable de toutes les classes de la population.

Le service a été célébré avec la pompe et les honneurs civils et militaires qu'il réclamait. Toutefois on a regretté de n'y pas voir les personnes dont il eut reçu le plus d'éclat : nous voulons parler de la députation de l'Académie des Sciences.

Les amis et les parents suivaient le convoi. M. Meunier, Maire de Provins, MM. Michaud et Choiselat, tous deux membres de la Légion d'honneur et camarades d'enfance de M. de Savigny, M. Vaché, capitaine retraité et chevalier de la Légion d'honneur (il avait fait partie de l'expédition d'Egypte), portaient les coins du poêle. Arrivés au cimetière, après les dernières prières, le Maire a pris la parole en ces termes :

Messieurs,

Si des voix éloquentes, dignes de l'homme dont nous venons déposer ici les restes mortels, ont célébré ailleurs les mérites, les hautes capacités et les travaux de M. Lelorgne de Savigny, qu'il soit permis au Maire de cette cité de venir acquitter ici, envers la mémoire de notre illustre compatriote, le tribut de la reconnaissance.

M. Marie-Jules-César Lelorgne de Savigny, membre de l'Institut (Académie des Sciences), de l'ancien Institut d'Egypte, officier de la Légion d'honneur, est né à la Ville-Haute, en l'année 1777.

Dès son jeune âge, une aptitude remarquable pour le travail d'esprit, un goût marqué pour les sciences naturelles, indiquèrent en lui le savant qui devait un jour éclairer la science et honorer son pays.

En 1793, après avoir pris rapidement à Provins, comme il le dit lui-même, une idée des sciences physiques les plus nouvelles, sous la direction bienveillante de M. Bellanger, il quitta sa patrie la même année, à l'âge de seize ans et demi. Sur le rapport d'une commission d'examinateurs, conformément à un décret de l'Assemblée nationale, il fut envoyé à Paris pour y suivre les cours de l'Ecole de Santé, substituée alors à la Faculté de Médecine.

Cinq années après son arrivée à Paris, une capacité supérieure, de profondes études, des écrits sur la botanique, le firent remarquer parmi ses condisciples. Il avait à peine vingt ans, et le gouvernement le nomma professeur à l'école centrale de la Seine-Inférieure.

De graves évènements surgissaient à cette époque, qui devaient changer la face du pays. Le grand homme qui préludait à ses destinées, comprenant que la France n'était pas encore mûre pour l'œuvre qu'il méditait, sentit le besoin de porter au-delà des mers le flambeau de son génie, pour réveiller la civilisation, depuis si longtemps éteinte en Egypte. Il réunit autour de lui des savants et des guerriers : M. de Savigny fut un de ses élus, et quitta la France le 20 mai 1798, avec cette expédition à jamais immortelle, pour remplir sa glorieuse mission.

D'autres, Messieurs, vous diront ce que fut M. de

Savigny sur la terre d'Egypte, quels ont été ses travaux ; je n'aurai pas la témérité d'aborder ce sujet, devant lequel je ne puis que m'incliner.

Je ne vous parlerai ici que de l'attachement que M. de Savigny a toujours porté à sa patrie, de ses bienfaits envers elle, qui perpétueront à Provins sa mémoire, comme ses travaux scientifiques immortaliseront son nom.

Après avoir visité l'Egypte, depuis les bords de la Méditerrannée jusqu'aux confins de la Nubie, les côtes du golfe de Suez, une partie de la Syrie, M. de Savigny, rentra en France, ramené par les derniers vaisseaux de l'expédition, à la fin de 1801. Certain d'avoir pleinement accompli sa mission, heureux de cette certitude, sans regrets sur le passé, ne songeant qu'avec joie à ses travaux à venir, après une attente de quelques semaines, il eut, comme il le dit lui-même, le bonheur de revoir Provins, de saluer les murs sacrés qu'habitaient les compagnons, les protecteurs de son enfance ; de se retrouver au milieu de sa famille.

Depuis cette époque, consacrant sa vie entière à la science, il ne fit plus à Provins que de rares apparitions.

Ce fut dans une de ces apparitions, au mois de septembre 1810, que se trouvant chez M. Laval, alors maire, il parla avec effusion de son attachement pour sa ville natale, et du moyen qu'il aurait bientôt de le lui exprimer, en lui offrant, pour sa bibliothèque, un exemplaire de la *Description d'Egypte*, publiée par les ordres de Napoléon.

Vous savez tous, Messieurs, avec quelle libéralité, avec quelle magnificence, M. de Savigny a réalisé sa promesse ; grâce à lui, nous possédons, à Provins, un des plus beaux ouvrages qu'il soit possible aux arts et à l'industrie de créer; ouvrage que nous sommes d'autant plus fiers de posséder, qu'il est un des trophées de la gloire de M. de Savigny : c'est l'exemplaire, de cette glorieuse publication, auquel il avait droit, comme un des savants qui ont élevé ce monument à l'honneur de leur patrie.

Si chez M. de Savigny l'ardeur du savant était infinie, malheureusement son amour pour la science lui avait fait oublier que ses forces physiques étaient bornées.

Dès l'année 1817, M. de Savigny fut atteint d'une cruelle maladie, suite de ses immenses travaux, et qui n'a fini qu'avec son existence. Au milieu des plus grandes souffrances, privé totalement de la vue, pendant trente-quatre ans, ses pensées ont toujours été portées vers sa patrie; il songeait à sa promesse, faite en 1810, qu'il a si noblement réalisée.

En 1843, il disait au Conseil municipal de Provins, dans une lettre mémorable, que la ville conservera toujours précieusement dans ses archives : « que les sentiments d'affection profonde, conçus dans son enfance pour la ville qui était sa première, sa vraie patrie, s'étaient conservés dans son cœur sans que le temps, l'éloignement, le malheur y aient jamais porté la moindre atteinte. »

M. de Savigny a voulu, au-delà des bornes de sa vie, continuer les preuves de cette tendre, de cette profonde affection, dont il avait honoré sa ville natale pendant son existence; il a demandé que ses cendres reposassent ici. Son testament renferme des dispositions qui feront bénir, dans le présent et dans l'avenir, sa mémoire par les enfants de Provins, comme ses travaux feront vénérer son nom par les amis de la science.

Au nom des habitants de Provins, patrie de M. de Savigny, je lui adresse ici les témoignages de notre profonde reconnaissance; sa mémoire vivra à jamais dans nos cœurs. Son tombeau, placé ici, en face de ces vieilles murailles, qu'il contempla dans ses premières années, au-dessus de cette contrée où se dirigèrent ses premiers pas pour étudier les secrets de la nature, sera salué par les passants, qui rendront hommage au savant illustre, à l'homme de bien, au bienfaiteur de son pays.

VI.

Désirant fixer complètement les points essentiels qui concernent M. de Savigny, nous ne croyons pas inutile de reproduire ici son acte de naissance.

Extrait du registre des Baptêmes, Mariages et Sépultures de la paroisse de Saint-Quiriace de Provins.

L'an mil sept cent soixante-dix-sept, le sept avril, par nous, prêtre-vicaire de la paroisse de S.-Ayoul de cette ville, maître ès-arts et gradué en l'Université de Paris, du consentement de Monsieur le Curé de cette paroisse, a été baptisé MARIE-JULES-CÉSAR, né du cinq avril, fils du sieur Jean-Jacques Lelorgne de Savigny, bourgeois, et de dame Françoise-Josephe de Barbaud, ses légitimes père et mère. Le parrain a été messire Jean-Baptiste Billy, prêtre-vicaire de la paroisse de S.-Ayoul; la marraine, demoiselle Marie-Marguerite Lelorgne de Savigny, qui ont signé avec le père dudit enfant, ainsi que M. le Curé de ladite paroisse, qui s'est trouvé présent à la cérémonie.

M.-M. LELORGNE DE SAVIGNY. BILLY, *Vicaire de*
J.-J. LELORGNE DE SAVIGNY. *S.-Ayoul.*
GUYNET, *Curé.*

La pièce suivante, qui n'est rien moins que l'acte de décès de l'aïeul de notre illustre contemporain, nous montre une telle filiation de destinée et de vertus, que loin de s'écarter de notre sujet, elle nous semble en faire partie intégrante.

Cejourd'hui onze octobre mil sept cent soixante-deux, par nous soussigné, prêtre, curé de cette paroisse, a été inhumé dans l'église de Notre-Dame du Châtel, le corps de Maître Louis LELORGNE DE SAVIGNY, Conseiller du Roi, Officier en l'élection de Provins, âgé de cinquante-neuf ans environ, muni des sacrements de Pénitence, d'Eucharistie et d'Extrême-Onction, universellement regretté, et qui, pendant une longue maladie, nous a édifiés par sa patience et sa résignation à la volonté du Seigneur; laquelle inhumation s'est faite en présence de ses enfants et autres parents, de MM. du Présidial et de l'Election, d'une grande partie des Chanoines de l'insigne et royale église de S.-Quiriace, et autres, qui ont signé avec nous.

AMABLE-LÉONORE LELORGNE DE SAVIGNY.
FRANÇOIS LELORGNE DE SAVIGNY.
JEANNE LELORGNE DE SAVIGNY, Veuve de J.-B. NYVERT,
Conseiller au Bailliage.
CLAIRE-THIBAUT LELORGNE DE SAVIGNY.
CATHERINE LELORGNE DE SAVIGNY.
EDME-JOACHIM LELORGNE DE SAVIGNY.
SAVIGNY.

CATTET, *Curé de Lizines.* M. JEANNARD. Louis CATTET. BILLY. CATTET.
ANDRÉ JEANNARD. FÉLIX, *Notaire.* MORIN, *Procureur.*

GENNEAU, *Conseiller en l'élection, ancien Maire de Provins.*
FARIAT, *Receveur du grenier à sel.*
PIJON, *Conseiller.*
GILLOTON, *Président.*
RIVOT, *Procureur du Roi.*
BEGULLE, *Curé, Supérieur de l'Oratoire.*

VII.

La *Feuille de Provins* vient de nous donner un article plein d'intérêt sur M. Lelorgne de Savigny, et, trois jours après, on écoutait avec recueillement les paroles nobles et touchantes prononcées sur sa tombe.

Jusqu'à présent, journaux et discours ne nous ont transmis que les traits principaux de la vie de notre célèbre compatriote ; mais ces détails spéciaux, qui nous le rendront vivant, nous seront donnés peu à peu, d'abord dans ses lettres (et on en possède bon nombre) ; puis les témoignages successifs de ceux qui l'ont approché, qui lui ont serré la main, nous admettront plus avant dans son intimité.

On le verra d'abord paraître, *quand il était petit,* s'échappant de la maison de son père par la ruelle adjacente ; il arrivait chez les Génovéfains de S.-Jacques, émerveillés de la gentillesse de l'enfant, vif, intelligent, attentif, et toujours questionnant à-propos. Le prieur, le R. P. Michel Guignace de Villeneuve (1), et le bibliothécaire, le prirent en affection, encouragèrent ses dispositions heureuses. Il recevait d'eux les conseils et les livres qui pouvaient le mieux faciliter ses premières études. Elles lui prirent, chez les Oratoriens du collége, les cinq ou six années voulues. Ce fut alors que le père Joseph Moutier (2) (le bibliothécaire), homme d'un rare mérite, à la fois savant et candide, finit par le conduire à la philosophie... bien entendu celle de la sagesse. Le spectacle de la nature en était le complément nécessaire. Aussi le bon religieux s'empressa-t-il de faire lire à son élève les premiers volumes de Pluche.... Il les dévora, et, ne se payant pas de mots, il voulait toujours vérifier ce qu'il avait lu. Le vaste jardin de S.-Jacques lui offrait un beau champ de vérification. Le père Moutier encourageait son ardeur et souriait en voyant le philosophe courir après les papillons.

Les jours de pluie on l'introduisait dans la bibliothèque, dont les vingt mille volumes le rendaient joyeux. Les atlas, les gravures des grands voyages, lui faisaient parcourir le monde. Il séjournait à son aise dans cette Egypte qu'il devait voir un jour en réalité. Le microscope du cabinet de physique le charmait et le rendit observateur.

Cependant il se fortifiait dans l'intelligence des langues grecque et latine; il se jouait des difficultés. Le père Moutier imagina de le récréer par un peu d'Hébreu. Il y était très-habile. Nous avons de lui une traduction complète et approfondie du Pentateuque, entièrement écrite de sa main et prête à être imprimée. De bons connaisseurs la jugent digne d'être mise à côté de celle du père Houbigant. Le jeune Savigny accepta sans hésiter la proposition de son cher maître, et aborda intrépidement les aspérités du Mappik et du Cholem. Rien ne rebutait son aptitude. Déjà riche des trésors qu'il puisait dans les antiquités grecques, latines et hébraïques; il parvint à mériter le nom de savant, mais ses réflexions lui disaient qu'il ne savait rien. Le voilà donc ne rêvant plus que Paris. C'était là que devaient se trouver les sources où il étancherait sa soif.... Il y arriva pour assister à la création de l'Ecole normale; cette école fameuse, où douze cents professeurs, comme on le sait, partis de tous les points de la République, recueillaient avec avidité les merveilleuses leçons de Lagrange, de Monge, de Berthollet, de Fourcroy, etc., etc. L'enthousiasme était général.

Notre voyageur se logea dans une mansarde de la rue Copeau, près le Muséum du Jardin des Plantes. Il était plein d'espoir; mais, faut-il le dire, dans un dénûment complet, réduit à son seul habit de nankin (3). Toujours un des premiers dans l'amphithéâtre, on le voyait le plus près possible de Daubenton et de Lamarck, la plume à la main, craignant de perdre une de leurs paroles. L'accoutrement et l'assiduité de l'auditeur le firent remarquer de ces deux hommes célèbres, et bientôt ils pressentirent l'auréole réservée à ce jeune front, qu'assombrissaient l'étude et la misère.

Lamarck s'occupait alors de la partie botanique de la nouvelle Encyclopédie, et surchargé de travaux, il cherchait un collaborateur qui lui fût subordonné. M. Duméril, alors simple prosecteur, s'empressa, dans un élan de bonne amitié, de proposer son camarade Savigny. Voyons, dit Lamarck.... Voici l'article *oseille*, — voulez-vous vous en charger?... Il accepte en hésitant, et le lendemain matin l'article était remis. — L'illustre botaniste ne pouvait en croire ses yeux. Comment, c'est vous qui avez fait cela?... Signez, Monsieur, cet article... point de modestie... cela vous est dû, et dorénavant je veux, et il est de toute justice, que vous ayez l'honneur de votre travail.

Peu de temps après, on le nomma professeur de botanique à l'école centrale de la Seine-Inférieure. Cuvier, le trouvant trop jeune, exigea qu'une perruque bien fournie lui donna la gravité requise.

Mais la perruque fut inutile, il n'alla pas à Rouen. Il y fut remplacé par un condisciple déjà distingué comme lui, M. Guersant. — La commission d'Egypte se formait. Savigny s'était fait connaître. On l'estimait, on l'aimait; il en fit partie. Ce fut Cuvier qui le proposa. Pour lui, nouveau sujet d'étonnement et de trouble. En recevant sa nomination, sa main tremblait.... Cuvier le regarde... Eh bien! mon cher ami, la peste vous ferait-elle peur?

A peine débarqué, il se donne tout entier à l'histoire naturelle du pays, sous le double rapport de ce qu'elle est pour nous et de ce qu'elle fut pour la vieille Egypte. Il s'enfonce dans les grottes sépulcrales, dans les hypogées; au milieu des momies, il recueille avec respect ces oiseaux sacrés, que quatre mille ans n'avaient pas même effleurés. A mesure qu'il en déroule les bandelettes avec un soin scrupuleux et patient, il ne se sent pas de joie en voyant ces mystérieux ibis reproduire trait pour trait le signalement d'Hérodote. L'honneur de les *libérer* et de les faire reconnaître par leurs familles vivantes était donc réservé à notre provinois.

Nous ne le suivrons pas dans ses courses ultérieures, aux sables du désert, aux temples de Thèbes, aux rives du Nil, jusque par delà les cataractes, et à la Mer-Rouge. (Nos compatriotes, MM. le capitaine Vaché et Bernard, qui, mercredi dernier, marchaient près de son cercueil, l'y avaient accompagné.) Que nous aurions aimé à le voir au Caire, à l'entendre au milieu de ses collègues et dans ses conférences avec le général en chef! Que de souvenirs, que de détails intéressants! et ses excursions savantes aux Pyramides de Gizeh, et son vol au sommet de la plus haute, où quarante siècles le reçurent. Tout cela nous sera révélé plus tard.

Enfin, il revient en France, et il prend à l'Institut la place que lui avait conquise tant de travaux et de veilles (4). Mais des maux continuels le forcèrent à quitter Paris, à se retirer pour ainsi dire de la science. Un ami précieux, M. de Sainte-Ville, lui ouvrit sa maison, le Chalet de

Gally. C'est là qu'il fut transporté dans un état de souffrance impossible à décrire. Il espérait qu'en peu de mois il retrouverait la santé dans cette charmante retraite. Cet espoir fut déçu, et, trente ans il fut, pour ses amis et pour ceux qui pouvaient l'approcher, un objet de douleur, de pitié et d'admiration. Sa haute raison conserva toute sa vigueur. Il put, le croirait-on, tenir procès-verbal de ses tortures, et nous laisser un journal dont la physiologie et la psychologie s'enrichiront. Ces terreurs, ces angoisses, dont il nous a fait lui-même un si touchant tableau, reçurent un adoucissement providentiel qui prévint son désespoir. L'amitié à toute épreuve, le dévoûment le plus rare, ne lui manquèrent jamais. On peut juger de la reconnaissance! elle égala le bienfait.

M. de Savigny avait un cœur sensible et bon. La lettre *à son vieil ami* nous l'a fait connaître, et celles que je joins ici en donneront une nouvelle preuve. Malheureusement nous n'avons fait qu'entrevoir cet homme excellent, dont la bienfaisance excédait la fortune; mais tous ceux qui l'ont connu disent unanimement que son abord était gracieux; jamais le savant empêtré dans les épines de la science : sa conversation aussi variée qu'instructive rappelait celle de l'auteur d'*Ulysse* et de *Marie Stuart*. Comme nous aurions été heureux de les entendre converser sous les vieux tilleuls de notre montagne!

Gally, le 1er Octobre 1845.

A Monsieur CURÉ, Juge d'Instruction à Provins.

« Monsieur et cher compatriote,

« Grâce à l'appui que vous m'accordez et que j'étais loin de
« prévoir, mes regards tournés en ce moment vers ma patrie s'y

« portent sous d'heureux auspices. Je vous dois mille remercie-
« ments pour les détails transmis de la manière la plus obligeante
« à M. Landrin. Je vous dois bien plus que des remerciements pour
« les témoignages non équivoques d'estime et de sympathie que
« vous semblez prendre plaisir à me prodiguer. Ces témoignages
« tout spontanés me sont et me resteront toujours chers. Avec
« quel bonheur ma main presserait la vôtre, presserait celle de tous
« les amis que je retrouverais sur notre sol natal, si le souhait que
« vous formez, si le rêve dont je ne puis quelquefois me défendre,
« pouvaient un jour se réaliser. Depuis longtemps mes anciennes
« relations n'occupent que trop ma pensée : M. Michaud et les
« qualités qui le distinguaient n'y sont pas oubliés, c'est dire assez
« combien un souvenir aussi peu attendu que le sien a dû m'être
« sensible.

« Je ne vous dis rien de l'objet pour lequel vous m'offrez si
« généreusement vos bons offices, laissant ce soin à M. Leroi,
« qui s'en acquittera avec tout l'intérêt qu'une vieille amitié pour-
« rait y mettre, et qui s'en fût acquitté quelques semaines plus tôt
« sans des circonstances que ni lui ni moi n'avons été maîtres
« d'éviter (5).

« *Agréez, Monsieur et cher Compatriote, l'assurance de ma gratitude*
« *et de mes sentiments les plus dévoués,*

« SAVIGNY. »

Parc de Versailles, Gally, le 30 Avril 1845.

**A Monsieur J. CHOISELAT, Juge de paix, Membre du Conseil
d'arrondissement, à Provins.**

« Mon ancien et toujours cher Camarade,

« C'est en donnant à notre passé des regrets qui ne sont pas sans
« douceur, que j'ai lu chacune des deux lettres où vous retracez
« avec une simplicité touchante les premiers temps de notre heu-
« reuse liaison, où vous rappelez à ma mémoire et notre respec-
« table maître, mon digne précepteur, qui ne nous tourmentait

« guère, et nos études tant soit peu superficielles, et nos innocents
« plaisirs. Je sens encore aujourd'hui battre mon cœur au souvenir
« des délicieuses promenades que nous faisions dans les Courtils,
« et des impressions que produisait sur nos sens l'aspect de cette
« belle nature, dont l'ensemble seul attirait votre attention ; tandis
« que la mienne, plus frappée des détails, se reportait incessam-
« ment sur des oiseaux, des reptiles, des insectes, etc., dont je
« désirais ardemment la possession, et que j'eusse peut-être infini-
« ment mieux fait de dédaigner, en vous imitant; mais déjà chacun
« de nous suivait la pente irrésistible de sa destinée. La vôtre était
« de laisser vos jours s'écouler paisiblement sur le sol natal, au
« sein des félicités de la famille et dans la pratique des vertus du
« citoyen, bornant vos désirs à être aimé, estimé, honoré de tous.
« La mienne au contraire était de me livrer aux mille hasards
« d'une vie passée hors du sol natal, souvent aventureuse, toujours
« laborieuse, de rechercher dans quelques-unes des profondeurs
« les moins accessibles de la science, une route à de plus intéres-
« santes découvertes, de n'y rencontrer que la funeste transforma-
« tion des plus doux attributs de la vie, en d'inexprimables tour-
« ments, et de n'obtenir en définitive, pour tout dédommagement,
« qu'une réputation très-contestable, et le fût-elle un peu moins,
« beaucoup trop chèrement payée. Toutefois, si nos esprits ont
« suivi des carrières diamétralement opposées, nos cœurs se sont
« toujours réunis dans un sentiment commun de bienveillance et
« de sympathie, et je suis certain que ce sentiment, qui a résisté
« sans altération à cinquante années d'une absence presque com-
« plète, durera autant que nous.

« Veuillez, mon cher ami, me rappeler au souvenir de vos
« parents, je ne puis ajouter des miens, car à l'exception de
« Madame Lestumier, je n'ai d'eux aucune nouvelle. Parlez de moi
« à toutes les personnes qui me portaient autrefois de l'intérêt, et
« dont les rangs sont peut-être bien éclaircis.

« *Adieu, mon très-cher ami, recevez l'assurance de mon inviolable*
« *attachement.*

« J.-C. SAVIGNY. »

Gally, 4 Novembre 1846.

A Monsieur CHARLES LENIENT, Lauréat du Concours général de cette année (6).

« Monsieur,

« J'ai lu avec un vif intérêt les admirables compositions qui
« viennent de vous mériter une double couronne. Des succès à
« la fois si précoces et si éclatants, sont du plus heureux augure,
« et je ne doute pas que si vous persistez à suivre la noble carrière
« des lettres, sans en redouter les épines, vous ne dépassiez et ne
« laissiez bientôt loin de vous la plupart de vos devanciers. La ville
« de Provins se félicite à juste titre de voir un de ses enfants, si
« jeune encore, lui faire déjà tant d'honneur.

« Recevez, Monsieur, le tribut d'éloges qui vous est dû, et les
« vœux que je fais pour que, dans aucune des phases de votre
« existence, vous ne cessiez d'illustrer notre chère patrie.

« *Votre affectionné concitoyen,*
« J.-C. SAVIGNY. »

Versailles, 1er Mai 1849.

A Monsieur l'Abbé HOUZÉ, Curé de Saint-Quiriace.

« Monsieur le Curé,

« Votre réponse, à la lettre que j'ai eu l'honneur de vous adresser
« le 16 avril dernier, m'a fait le plus grand plaisir. Les détails où
« vous entrez, sans jeter tout le jour désirable sur le sujet qui
« m'intéresse, sont très-propres à l'éclaircir. Les sentiments que
« vous manifestez à cette occasion sont ceux d'une âme vraiment
« chrétienne, et, je puis le dire, ceux d'un bon cœur. J'accepte
« avec la plus vive reconnaissance le concours que vous m'offrez et
« que j'aurai plus d'une fois besoin de réclamer pour triompher des
« difficultés que présente mon projet.

« Pourriez-vous, Monsieur le Curé, me dire, avec quelque
« précision, quelles sont aujourd'hui les limites de votre paroisse
« du côté de la Ville-Basse? quelle est sa population, si elle a
« augmenté ou diminué, et si les mariages de jeunes filles absolu-

« ment pauvres, nées au milieu de cette population, pourraient,
« moyennant un peu d'aide, atteindre le nombre, soit de deux, soit
« de trois, soit de quatre chaque année. Je voudrais savoir si
« M. Destremau est encore maire de Provins, et si mon vieil ami,
« M. Choiselat, fait toujours partie du conseil municipal. J'ose
« aussi vous prier de me donner des nouvelles de deux de vos
« paroissiens, M. et Mme Lestumier, qui sont mes parents, mais
« avec lesquels, malgré l'amitié qui nous unit, je suis sans corres-
« pondance depuis longtemps.

« Gardez-moi le secret comme vous venez d'en prendre l'engage-
« ment formel ; mais ne brûlez pas mes lettres, car personne ne
« connaît l'avenir, et il se pourrait qu'une circonstance imprévue
« vous mit un jour dans la nécessité de les produire.

« *Veuillez, Monsieur le Curé, recevoir l'assurance de ma haute et*
« *respectueuse considération.*

« J.-C. SAVIGNY. »

Gally, 5 Novembre 1849.

A Monsieur J. CHOISELAT, Juge de paix à Provins.

« Mon bien cher Ami,

« La mystérieuse affaire pour laquelle vous m'avez procuré de
« précieux renseignements, longtemps arrêtée par d'inévitables
« lenteurs, vient d'être brusquement terminée. L'écrit qui la fera
« connaître doit se trouver depuis deux jours entre les mains de
« M. le Maire. Elle n'en reste pas moins un secret pour lui ; et
« malgré la part active que vous y avez prise, elle doit, mon bon
« ami, en rester de même un pour vous ; ainsi le veulent les
« convenances. Contentez-vous, pour le moment, de savoir qu'il
« s'agit d'une chose proportionnée à mes moyens, et par consé-
« quent fort minime. Si vous voulez plus, ayez patience ; je suis un
« peu votre aîné, et si certaine loi de la nature n'est pas troublée
« dans son cours, vous saurez plus tard ce que je vous cache
« aujourd'hui, sans que j'aie eu besoin de vous le dire.

« Ne croyez pas, mon cher ami, que le choix de l'époque à
« laquelle je viens de faire allusion soit un acte spontané de ma

« volonté. J'aurais préféré que mon projet, définitivement arrêté,
« fût aussitôt rendu public et reçût dès à présent sa pleine exécu-
« tion. Il en fut résulté une agréable diversion à mes maux, un
« adoucissement aux amertumes de mon existence; mais j'ai dû
« en ceci, comme en toutes choses, me plier aux exigences d'une
« inflexible nécessité.

« C'est cette même nécessité qui ne me permet pas d'accepter
« votre aimable invitation et d'aller passer quelques jours avec
« vous. Il faut, mon bon ami, que vous vous fassiez une idée bien
« inexacte de ma situation, pour qu'une telle proposition vous soit
« venue à l'esprit. Vous ignorez donc encore que la cause qui me
« rend comme étranger à ma ville natale est une affection qui
« non-seulement me prive de la vue, en remplissant l'espace de
« visions, mais encore me livre perpétuellement aux angoisses les
« plus cruelles ; une affection qui me tient séquestré de la société
« et cloué, pour ainsi dire, à la chaumière que j'habite, si bien
« cloué, que depuis 1824, c'est-à-dire depuis le jour où j'ai quitté
« l'appartement que j'occupais à Paris, et où de puissants motifs
« m'appellent encore, il ne m'a pas été un seul instant possible d'y
« revenir.

« Vous devez donc, mon cher ami, renoncer pour le moment à
« me voir, et de plus, ce qui me ferait grand plaisir, consentir à
« vous rendre l'interprète de mes sentiments auprès de toute ma
« famille, je veux dire auprès de madame Lestumier, qui m'a tou-
« jours inspiré l'affection la plus tendre, et de son mari; auprès de
« MM. Rousselet, Crespin, Besnard (7); de M. H. Billy et de ses
« enfants; de madame Perrot, de ses enfants et de ses deux sœurs,
« dont la plus jeune avait une fille qui promettait d'être un jour aussi
« charmante que sa mère. Vous ne me ferez pas moins de plaisir
« en me rappelant au bon souvenir de tous mes amis; vous les
« connaissez parfaitement et j'espère qu'ils ne me sauront pas
« mauvais gré d'omettre ici leurs noms, dans l'impossibilité où je
« serais de les y placer tous. Dites-leur que mes pensées me
« ramènent souvent au milieu d'eux; mais ne me donnez de leurs
« nouvelles qu'avec une extrême réserve. Je les vois encore tels
« qu'ils étaient autrefois; évitez de détruire par d'affligeantes réa-
« lités une illusion que je me plais à entretenir. Je ne me repré-

« sente que trop les ravages qu'ont dû faire dans leurs rangs les
« vingt-cinq années qui viennent de s'écouler. Comment mécon-
« naître, comment ne pas remarquer avec effroi l'immense solitude
« que les mêmes années ont produite autour de moi. Les amis que
« j'avais à Paris, et ces amis étaient nombreux, ont successivement
« presque tous perdu la vie; je ne saurais vous dire à quel point
« mon cœur se navre quand je vois chaque jour mon triste horizon
« se joncher pour ainsi dire de leurs corps inanimés. La plupart
« étaient aussi jeunes ou plus jeunes que moi quand il m'a fallu
« me séparer d'eux. Pouvais-je croire qu'à cette longue et intermi-
« nable suite de maux que semblait me réserver l'avenir, il faudrait
« encore ajouter le malheur de leur survivre !

« Mais éloignons ces sombres pensées. Je veux faire plus. Je
« veux me porter au jour où, délivré du terrible fléau qui sévit sur
« mon existence, je pourrai voir et embrasser les amis qui me
« restent. Tout cela ne peut guère avoir lieu sans un miracle; mais
« pourquoi ce miracle ne se produirait-il pas? Tant de gens ont
« assuré, dans le principe, qu'il était non-seulement possible, mais
« certain; tant de gens l'affirment encore. Ne suis-je pas fondé,
« malgré les apparences contraires, à conserver une lueur d'espé-
« rance? Eh bien! mon ami, que ce jour vienne; que nous puis-
« sions nous rapprocher, nous presser la main, et je vous promets
« bien d'oublier alors toutes les douleurs du passé, pour ne plus
« songer qu'aux douceurs du moment présent. C'est par cette idée
« consolante que je veux terminer cette longue lettre. Adieu, mon
« bon ami, vous me devez un mot de réponse, je l'attends et vous
« embrasse du fond de mon cœur.

« J.-C. SAVIGNY. »

Versailles, le 6 Novembre 1849.

A Monsieur l'Abbé HOUZÉ, Curé de Saint-Quiriace.

« Monsieur le Curé,

« Vous n'avez pas oublié certains renseignements que j'avais à
« cœur d'obtenir et que vous avez eu l'extrême bonté de me pro-
« curer. Un objet qui n'existait alors qu'en idée s'est depuis étendu,

« complété et finalement s'est transformé sur le papier en une
« disposition précise, d'une exécution facile, que je viens d'adresser
« à M. le Maire avec l'indication du moment où il sera temps d'en
« prendre connaissance. Ainsi, l'affaire dont il s'agit continuera
« provisoirement d'être un secret pour tout le monde, excepté pour
« vous, Monsieur le Curé, à qui j'en ai dit l'essentiel, et pour mon
« ami, M. Choiselat, que j'ai dû consulter relativement au même
« objet, et qui en a probablement une légère idée. Tel est l'état des
« choses dont j'avais à vous prévenir.

« Il faut aussi que vous sachiez que mes vieux amis de la Ville-
« Haute, aujourd'hui vos paroissiens, au milieu desquels j'ai reçu
« la vie, connu ses premières douleurs et ses premiers plaisirs, ont
« conservé dans ma rédaction définitive la juste préférence que mon
« cœur leur a de tout temps accordée, préférence bien naturelle et
« que personne ne saurait blâmer. C'est ce que vous aurez peut-
« être un jour à faire remarquer.

« Vous voyez, Monsieur le Curé, que nos relations n'ont pas été
« tout-à-fait stériles.

« *Veuillez agréer de nouveau mes remercîments et l'assurance de ma*
« *respectueuse considération.*

« J.-C. SAVIGNY. »

Gally, petit parc de Versailles, le 29 Janvier 1850.

A Madame LESTUMIER.

« MA CHÈRE COUSINE,

« La réception très-imprévue de votre aimable lettre m'a procuré
« une bien douce joie. Il est donc vrai que vous n'oubliez pas
« votre pauvre cousin, celui qui avait obtenu l'affection de votre
« digne mère et qui a été l'ami de votre première jeunesse. Je ne
« saurais vous exprimer combien mon cœur en éprouve de recon-
« naissance. Le temps et l'éloignement relâchent bien des liens,
« mais il en est aussi qui leur résistent. Lorsque deux âmes ont su
« se comprendre et s'apprécier, plus les circonstances les séparent,
« plus elles aiment à se rappeler leurs sentiments réciproques, plus
« elles ont de plaisir à se retrouver.

« Les détails que vous me donnez sur votre santé m'affligent

« extrêmement, ma bien chère cousine, mais ils m'affligent sans
« m'inquiéter. Les maux dont vous vous plaignez n'ont point de
« gravité réelle. Je sais qu'ils font beaucoup souffrir, mais je sais
« aussi qu'ils diminueront et qu'ils ne sauraient inspirer pour
« l'avenir de craintes sérieuses. Vous annoncez, ma chère cousine,
« l'intention de me faire une visite amicale dans le cours de cette
« année, j'ose espérer que cette promesse ne sera pas vaine.
« L'aimable dame que vous connaissez un peu vous recevra avec le
« plus vif empressement, et son amitié nous viendra en aide si nos
« maux ne sont pas adoucis et que nous ayons encore besoin de
« nous consoler. Surtout, ma chère cousine, faites en sorte de venir
« dans la belle saison ; vous verrez alors que notre solitude n'est
« pas sans quelques charmes; qu'on peut y jouir d'une fraîche
« verdure et respirer le parfum des fleurs, y entendre le chant des
« fauvettes et des rossignols. Voilà, je pense, de quoi faire supporter
« bien des peines ; voilà de ces jouissances vraiment pures, que la
« nature ne refuse à aucun de ses enfants, et que la mort ou une
« affreuse destinée peuvent seules nous ravir.

« Je ne sais rien de précis sur la situation actuelle de notre cou-
« sin M. Lelorgne d'Ideville. Vous n'ignorez pas que la mort de sa
« femme, de cet autre lui-même, l'avait profondément affecté. La
« révolution de février, en brisant de nouveau sa carrière, l'a décidé
« à quitter Paris et à se retirer dans la terre qu'il possède près de la
« Palice, département de l'Allier. Depuis, personne ne l'a vu ; je
« tiens néanmoins de source certaine que l'aîné de ses fils doit
« entrer incessamment dans la marine marchande avec un grade
« supérieur, et que le plus jeune suit les cours de droit avec un
« certain succès.

« La maladie de notre cousin Besnard me cause un véritable
« chagrin. C'est un parent dont j'ai toujours regretté de ne pouvoir
« cultiver l'amitié. Veuillez, ma chère cousine, lui dire combien je
« compatis à son adversité, combien je désire qu'elle ne soit que
« passagère. En général, mes parents ne se doutent guère de tout
« l'attachement que j'ai pour eux, du regret immense que j'éprouve
« d'en être éloigné, peut-être pour toujours.

« Je vous remercie, mon aimable cousine, des souhaits que vous
« formez pour moi : je remercie mon cousin de son souvenir et le

« prie de me permettre de lui serrer bien cordialement la main ; il
« s'est montré trop bon, trop compatissant à mon égard pour n'être
« pas de moitié dans l'affection que je vous porte. Quant à vous,
« mon aimable et chère cousine, permettez-moi de vous embrasser
« bien tendrement, et de vous embrasser deux fois, l'une pour les
« années écoulées et le temps perdu ; l'autre pour l'année qui com-
« mence et qui serait certainement plus heureuse si le ciel daignait
« écouter les prières et les vœux des faibles mortels.

« Votre cousin et ami dévoué du plus profond de son cœur,

« J.-C. SAVIGNY. »

Ceci ne peint-il pas mieux M. de Savigny que tout ce qu'on pourrait ajouter ?

Max. M.

VIII.

Paris, le 29 Octobre 1851.

A M. MEUNIER, Maire de Provins.

« Monsieur le Maire,

« Veuillez me permettre de vous adresser le discours que j'ai
« prononcé, il y a quelques jours, au nom de l'Académie des
« Sciences, pour rappeler les services rendus à la science par
« M. de Savigny. Ma mauvaise santé, si mauvaise alors que j'ai
« écrit ces quelques pages au lit et avec la fièvre, m'a privé de me
« rendre à Provins, comme j'aurais eu à cœur de le faire : c'est sur
« la tombe même de mon illustre confrère, et au milieu de ses
« concitoyens, que j'aurais été heureux de lui rendre hommage. Je
« sais combien il aimait sa ville natale, et j'ai été heureux de le
« rappeler.

« Je me propose, à la première occasion, de vous envoyer
« d'autres exemplaires, afin que vous puissiez les offrir (si vous
« voulez bien avoir la bonté de vous en charger) aux personnes qui
« ont pris le plus de part à la perte que l'Europe savante vient de
« faire.

« J'espère plus tard pouvoir rendre à Savigny un hommage plus
« réfléchi et plus digne de lui. Je veux aussi faire tout ce qui est en
« moi pour restituer à la science, le plus complètement possible,
« les travaux que Savigny a laissé achevés ou à demi-achevés. Sa
« mémoire m'est chère, et je ferai envers elle tout ce qu'eût voulu
« faire lui-même, s'il eut vécu, mon vénéré père, son compagnon
« d'Egypte, et toujours son ami.

« *Veuillez agréer, M. le Maire, l'expression de mes sentiments très-*
« *distingués.*

« J. GEOFFROY-SAINT-HILAIRE. »

« Mon discours, imprimé par ordre de l'Institut, ne m'a été
« envoyé qu'hier. Il avait toujours été dans mon désir que l'un des
« premiers exemplaires vous fût adressé. »

INSTITUT NATIONAL DE FRANCE.

ACADÉMIE DES SCIENCES.

FUNÉRAILLES DE M. DE SAVIGNY.

DISCOURS

DE M. IS. GEOFFROY-SAINT-HILAIRE,

MEMBRE DE L'ACADÉMIE,

Prononcé aux funérailles de M. de Savigny, le 14 Octobre 1851.

Messieurs,

Le confrère illustre auquel nous venons rendre les derniers devoirs, manquait depuis longtemps dans nos rangs. De ceux qui entourent ses restes mortels, bien peu ont eu le bonheur de le connaître personnellement, et je suis presque le seul auquel ait été accordé, depuis plus d'un quart de siècle, le douloureux privilége d'être témoin des tortures sans exemple de son long martyre.

Dans ces tristes solennités auxquelles la mort nous appelle trop souvent, un touchant usage veut que l'un de nous retrace les principaux faits de la noble vie qui vient de s'éteindre. Usage plein de douceur et de consolations, lorsqu'il évoque, dans le deuil présent, les souvenirs d'un passé heureux ; de longues années glorieusement et paisiblement écoulées dans l'étude ; d'une vieillesse tranquille autant qu'honorée ; d'une mort calme et sereine au milieu de la famille, des amis et des disciples ! Sans doute de tels souvenirs ne diminuent pas les regrets de la dernière séparation ; mais ils en tempèrent l'amertume, et nous pouvons nous dire, le cœur attristé et attendri plutôt que déchiré : C'est la fin d'un beau jour !

Hélas ! combien est différent, combien est cruel le devoir que j'ai aujourd'hui à remplir ! Il n'est presque dans la vie de Savigny que des souvenirs de douleur ! C'est sur elle, et non sur sa mort, que ses amis doivent pleurer ! La mort, c'est sa délivrance. Il y a vingt-sept ans qu'il appelait de ses vœux la tombe comme un asile !

Marie-Jules-César Lelorgne de Savigny est né le 5 avril 1777, à Provins. Celui qui devait être si cruellement éprouvé, avait vu le jour sous les auspices les plus favorables. Son père, fils et petit-fils de magistrats honorables, sa mère, qui appartenait à une famille noble et riche de la Franche-Comté, avaient d'illustres et puissantes amitiés ; et Savigny que la nature n'avait pas moins bien traité que la fortune, semblait avoir, à tous les titres, un heureux et brillant avenir. On se décida à le faire entrer dans les ordres, et, dès son enfance, le couvent des génovéfains devint pour lui comme une seconde maison paternelle. Il y passait une grande partie de ses journées, recevant de l'homme le plus savant qui fût alors à Provins, le père Moutier, des leçons d'histoire, de latin, de grec, d'hébreu, avidement saisies par la précoce intelligence de l'enfant. Le père Moutier croyait deviner dans son élève un des membres futurs de l'épiscopat français.

Vaines espérances ! vains projets ! La révolution éclate, et bientôt Savigny perd tout à la fois. La carrière à laquelle il se préparait est fermée ; et c'est à peine si sa mère, devenue veuve, peut sauver quelques faibles débris de la fortune de la famille.

L'ancien élève des génovéfains devint alors celui d'un pharmacien de Provins. Sous la direction de ce nouveau maître, Savigny fit de rapides progrès dans l'étude de l'histoire naturelle et de la chimie. Un concours pour des places d'élèves à l'école de santé ayant été, à cette époque, ouvert dans les départements, Savigny, encore adolescent, se présenta, fut l'un des vainqueurs, et vint à Paris.

C'était la première fois qu'il se séparait de sa mère; et dans quelles circonstances ils devaient se retrouver! Je n'oserais dire, avec les détails affreux qui sont à ma connaissance, toutes les souffrances auxquelles l'un et l'autre furent en proie! Savigny à Paris, sa mère à Provins, connurent toutes les horreurs de la détresse la plus extrême; ils souffrirent souvent du froid; plus d'une fois le pain leur manqua! Et pas même la consolation de s'écrire, selon le besoin de leurs cœurs! C'était trop pour une mère. Madame de Savigny se sentit bientôt frappée à mort; mais pouvait-elle mourir sans revoir son fils? Elle se fit transporter à Paris dans l'humble chambre de l'étudiant, seul asile qu'il put lui offrir : et quel asile ! Qui pourrait dire les scènes de désespoir dont il fut témoin? Je ne veux citer qu'un seul trait de ce sombre tableau : une nuit, à travers le toit mal clos, il tomba de l'eau glacée sur le lit de la mourante !

Savigny n'avait pas vingt ans lors de la mort de sa mère; et, jusque dans sa vieillesse la plus avancée, le souvenir de ces jours affreux est resté, au milieu de ses souffrances, la plus cruelle de toutes. C'était la plaie toujours vive de cette âme, aussi tendre que ferme et énergique.

Cette époque est celle aussi où Savigny délaissa la médecine pour se consacrer entièrement aux sciences naturelles; Lamarck y fut son introducteur. Sous les auspices de ce grand maître, Savigny, comme Lamarck lui-même, fut d'abord botaniste; et quand, un peu plus tard, Cuvier et M. Duméril le firent nommer professeur à l'école centrale de la Seine-Inférieure, c'est la science des végétaux qu'il devait enseigner.

Il allait partir pour Rouen, lorsqu'on lui offrit d'accompagner le général Bonaparte en Orient. Une place de zoologiste restait seule à donner. « Acceptez-la, dit « Cuvier, dont nous citons les propres paroles : *vous serez* « *zoologiste quand vous voudrez.* » Il accepta, fut adjoint à mon père pour les animaux sans vertèbres, et partit avec son ami pour l'Egypte. L'Europe savante sait comment il a justifié les prévisions de Cuvier.

Ce que Savigny a fait pour la science en Egypte et en Syrie, ce qu'il a fait à son retour en France, nous ne saurions le dire ici : le temps nous manque, et bien plus encore le calme d'esprit nécessaire pour rendre à de tels travaux un juste hommage. Mais qu'il nous soit permis d'en signaler le double caractère. C'est la gloire bien rare de Savigny d'avoir réuni, à un très-haut degré, les mérites de l'observateur exact, ingénieux, plein de sagacité, et du généralisateur qui sait être hardi sans cesser d'être rigoureux. Comme généralisateur, qui ne l'admirait démontrant, dès 1814, par la plus délicate analyse, la composition analogique de la bouche chez tous les insectes, et créant ainsi, en anatomie philosophique, le premier travail, et assurément l'un des plus beaux qui aient été faits en dehors de l'embranchement des vertébrés. Comme observateur, dans combien de directions il s'est avancé le premier, et si loin, dès ce premier effort, qu'on a pu à peine le dépasser depuis ! Cuvier, parlant de ses recherches sur les tuniciers, ne dit pas qu'il découvre, mais qu'il *révèle ;* car c'est presque d'un monde inconnu qu'il nous ouvrait l'accès ; et de combien d'autres travaux on pourrait le dire encore ! Savigny est sans nul doute, avec Cuvier, l'auteur principal du mouvement qui depuis, et toujours de plus en plus, entraîne les zoologistes vers l'étude si longtemps négligée, mais si féconde, des animaux inférieurs.

Tous ces admirables travaux, et bien d'autres encore, avaient été l'œuvre de quelques années. Que ne devait-on pas attendre de Savigny? Il était, lorsque l'Académie l'admit en 1821 dans son sein, entre un passé glorieux et un avenir peut-être plus glorieux encore (7). Il était dans la force de l'âge et du talent ; il avait d'immenses travaux préparés, d'autres achevés déjà. Aucun d'eux ne devaient, hélas ! voir le jour, de son vivant du moins ! Atteint une première fois, en 1817, après plusieurs années d'observations microscopiques, d'une névrose douloureuse des sens et surtout de la vue, Savigny reprit, à peine guéri, les recherches dont il venait d'être victime ; et une seconde et plus douloureuse invasion eut lieu en 1824. Cette fois son martyre ne devait plus avoir d'autre terme que sa vie !

Savigny l'avait prévu. Les funestes symptômes avaient à peine reparu, qu'il disait : « Je ne guérirai pas. *On ne revient « pas deux fois de l'enfer !* » Mais qui eût prévu que son supplice se prolongerait durant vingt-sept années ; supplice horrible : la prison dans les ténèbres. Et ce n'était pas assez : quand les ténèbres devenaient moins profondes, quand la moindre lueur menaçait les paupières du martyr de la science, un masque d'acier et deux voiles noirs devenaient nécessaires pour le protéger. Et durant ces vingt-sept années, pas un seul jour sans souffrances !

Heureusement, pas un jour non plus sans consolations ! Que serait devenu notre malheureux confrère, sans un de ces incroyables dévouements dont Dieu a mis le secret dans le cœur de la femme? Dans la sombre retraite où Savigny souffrit vingt-sept ans, près de Versailles, une amie était venue s'enfermer avec lui ; et, jusqu'au jour de sa délivrance, elle ne l'a pas quitté, captive volontaire, durant vingt-sept années, dans la solitude et les ténèbres. On rapporte de tels actes ; on ne les loue pas.

Il est d'autres consolations qui ne manquent jamais au plus malheureux, celles de l'espérance. Aux heures où ses souffrances, jamais interrompues, devenaient moins cruelles, et jusque dans ces derniers temps, Savigny reportait sa pensée sur ses travaux inédits qui lui avaient coûté si cher, et qu'il conservait sans les voir, mais sans en rien oublier : l'espoir qu'ils seraient un jour restitués à la science, qu'ils seraient publiés comme un volume complémentaire du grand ouvrage sur l'Egypte, a été sa dernière consolation.

C'est ainsi qu'il s'éteignit, toujours résigné, toujours ferme, toujours dévoué à la science, et jusqu'à la fin partagé entre elle et le souvenir de ses amis et de sa ville natale.

Adieu, Savigny ; adieu, cher confrère et ami ! repose enfin dans le tombeau ! Ta mémoire restera parmi nous, doublement consacrée par la gloire et par le malheur ; et, de même que la religion réserve à ses martyrs ses plus belles palmes, les naturalistes de tous les temps entoureront ton nom de leur vénération et de leur reconnaissance, toi qui agrandis la science, et qui souffris pour elle !

A la suite du discours de M. Isidore Geoffroy-S.-Hilaire, M. JOMARD, *invité à prononcer quelques mots au nom de l'Institut et de la Commission des sciences d'Egypte, a improvisé les paroles suivantes :*

C'est aux naturalistes qu'il appartenait de louer l'homme éminent que nous avons perdu, le profond observateur qui s'est signalé dans plusieurs branches de l'histoire naturelle par de brillantes découvertes : il m'appartient seulement de parler du zélé voyageur, du collecteur infatigable qui a parcouru avec tant de dévouement les déserts de l'Egypte, les plaines brûlantes de la Thébaïde et les montagnes de la Syrie. Il a rapporté de ses excursions d'innombrables richesses qui ont servi à former l'ouvrage, fruit presque unique de l'expédition des bords du Nil. Personne n'ignore que les figures fournies par Savigny à la *Description de l'Egypte* composent une grande partie des planches d'histoire naturelle qui ornent cet ouvrage; depuis longues années, la voix des savants en a proclamé la supériorité; Savigny, visait à la perfection, et il y est souvent arrivé.

Mais l'honneur qui en a rejailli sur la nation française est dû surtout au courage que Savigny et ses compagnons de voyage ont déployé en un jour critique. L'armée anglaise, après avoir mis la main sur les monuments antiques que nous avions péniblement apportés des ruines de Thèbes, de Memphis et d'Alexandrie, déjà embarqués sur nos vaisseaux, voulut compléter cette spoliation en s'emparant, de vive force, des collections et des dessins rassemblés par les naturalistes, les ingénieurs et les artistes français. Geoffroy, Savigny, Delile, bien que privés d'un appui sur lequel ils devaient compter, protestent. Ils déclarent, à deux reprises, au commissaire et au général anglais, comme au général français lui-même, qu'ils sont résolus à ne pas abandonner leurs trésors, qu'ils se constitueront plutôt prisonniers et les suivront jusqu'à Londres, pour les réclamer au nom de la science et du droit des gens ; enfin, se plaçant sur les caisses renfermant les collections, ils s'écrient qu'ils les brûleront, ou les jetteront à la mer, plutôt que de s'en séparer un seul instant.

Ce trait de courage et de dévouement sauva tout ; il méritait d'être rappelé en présence des restes de celui que nous regrettons, et que ce fait honore, à la fois, comme homme, comme savant et comme Français. C'est au patriotisme et à l'énergie de Savigny et de ses amis qu'on doit la conservation de tant de richesses scientifiques, sans lesquelles il eut été impossible de former le *monument national* élevé par l'empereur Napoléon en souvenir de la grande expédition.

Pardonnez, Messieurs, la faiblesse de ces paroles, sans ordre et sans suite. Adieu, cher compagnon de voyage ! Allez rejoindre vos émules dans cette mémorable campagne, Delile et Geoffroy-Saint-Hilaire ; nos amis, Conté, Malus, Larrey et tant d'autres hommes célèbres ; et nos illustres chefs, Berthollet, Monge et Fourier, dont la gloire jette un éclat qui va croissant tous les jours !

IX.

CONSEIL MUNICIPAL DE PROVINS.

Séance du 15 Octobre 1851.

Le Maire, après avoir rompu les cinq cachets qui fermaient le pli déposé par M. de Savigny, le 3 novembre 1849, en extrait la pièce suivante, qu'il présente et lit au Conseil :

Extrait d'un acte de donation passé au Chalet de Gally, le 24 octobre 1849, par-devant Me PICHARD, Notaire, demeurant à Versailles, place d'Armes, et dont la minute est restée en dépôt dans l'étude dudit notaire. Les témoins : MM. VIVANS, Avocat; l'Abbé THOMAS; VITRY, Chef de Bureau, et le Docteur LEROI.

Moi, MARIE-JULES-CÉSAR LELORGNE DE SAVIGNY, voulant, autant que mes faibles moyens me le permettent, donner à la ville de Provins, ma bien-aimée patrie, un témoignage durable de mon affection filiale, lui offre et la supplie d'accepter, pour en jouir à titre de propriété inaliénable, une rente de douze cents francs, trois pour cent, inscrite sur le grand livre de la dette publique, qui sera exclusivement et invariablement consacrée à faciliter, chaque année, le mariage de quatre jeunes filles pauvres, nées comme moi à Provins, et réunissant les qualités ci-après exprimées.

A cet effet, la rente dont il s'agit est partagée en quatre inscriptions de trois cents francs chacune : deux portant le n° 29709, série 6ᵉ, et le n° 31664, série 6ᵉ, affectées exclusivement à la Ville-Haute, servant à doter annuellement deux jeunes filles nées sur la paroisse de S.-Quiriace, prise dans sa circonscription actuelle ; et deux, portant les nᵒˢ 31665, série 6ᵉ, et 31666, série 6ᵉ, affectées de même exclusivement à la Ville-Basse, servant à doter annuellement deux jeunes filles nées, l'une sur la paroisse de Sainte-Croix, l'autre sur la paroisse de Saint-Ayoul.

Les deux dots, consacrées chaque année aux mariages dépendant de la Ville-Haute, ne seront pas délivrées simultanément, mais l'une après l'autre, la première au printemps, la seconde en automne.

Les jeunes filles qui voudraient se marier au printemps, et qui croiraient avoir des droits à la dot correspondant à cette saison, en feront la déclaration avant le 15 février, terme de rigueur, au conseil municipal qui en délibérera et fera connaître sa décision dans les quarante-trois jours suivants. Le mariage de la jeune fille qui aura obtenu la préférence sera célébré dans le cours du mois d'avril. Si le 1ᵉʳ mai il n'avait pas encore eu lieu et que la fiancée n'eût pas d'excuse valable à présenter, la dot retournerait de droit à la jeune fille qui aurait obtenu le plus de voix après elle. Dans aucun cas le mariage ne pourra être remis à un jour postérieur au 31 mai.

Les jeunes filles qui voudraient se marier en automne, et qui croiraient avoir des droits à la dot réservée pour cette saison, en feront la déclaration avant le 15 août, terme de rigueur, au conseil municipal, qui fera connaître sa décision dans les quarante-cinq jours suivants. Le mariage de celle qui aura obtenu la préférence sera célébré dans le cours du mois d'octobre. Si le 1er novembre il n'avait pas encore eu lieu, sans que la fiancée ait une excuse légitime à alléguer, la dot passerait de droit à la jeune fille qui aurait réuni le plus de voix après elle. Dans aucun cas le mariage ne pourra être remis à un jour postérieur au 30 novembre.

Les deux dots, consacrées chaque année aux mariages dépendant de la Ville-Basse, seront, comme les précédentes, délivrées l'une après l'autre : la première, au printemps, pour la paroisse de Sainte-Croix; la seconde, en automne, pour la paroisse de Saint-Ayoul.

Les jeunes filles de cette même Ville-Basse qui voudraient se marier, soit au printemps, soit en automne, et qui croiraient avoir des droits à la dot correspondant à l'une ou à l'autre saison, se conduiront comme celles de la Ville-Haute, et tout, en ce qui les concernera, devra se passer exactement de même.

Aucune jeune fille ne pourra se présenter, comme aspirant à une des dots spécifiées ci-dessus, si elle n'est âgée de seize ans au moins et de vingt-deux ans au plus (vingt-six dans les cas exceptionnels), et si elle n'est issue de parents vivants du travail de leurs mains. Cette faible dot a un but évident, celui de procurer à de jeunes époux privés de ressources le moyen d'acquérir, plus facilement et plus tôt, les meubles nécessaires à leur entrée en ménage et les instruments indispensables à l'exercice de leur profession. Le choix du conseil municipal, ou du jury pris dans son sein, devra donc s'arrêter sur la jeune fille la plus pauvre, et, à pauvreté égale, sur celle dont la situation sera le plus aggravée par quelques-uns de ces mille maux qui peuvent l'atteindre, soit directement, en la frappant elle-même, soit indirectement, en tombant sur les chefs de sa famille, etc. L'examen et l'appréciation de ces maux sont abandonnés aux lumières et à la conscience du jury. La religion de la jeune fille, sa conduite plus ou moins régulière, celle de ses parents, seront soigneusement écartées de ce calcul, et ne pourront, sous quelque prétexte que ce soit, fournir des motifs d'exclusion. J'en excepte deux cas : la condamnation de la jeune fille à une peine correctionnelle, et sa condamnation à une peine infamante. Dans le premier cas, elle ne pourra se présenter au concours que six mois après l'expiration de sa peine ; dans le second, je le dis à regret, elle en sera exclue pour toujours.

Le futur époux, garçon ou veuf, que la jeune fille aura choisi et qu'elle devra faire connaître dans un temps opportun, n'aura besoin, pour être admis, que d'être âgé de trente ans au plus, et s'il n'a pas vu le jour dans l'arrondissement de Provins, de s'y être fixé depuis plus d'une année. Quant à ses qualités, bonnes ou mauvaises, on fera bien de s'en remettre pour leur appréciation à l'instinct de la jeune fille, instinct qui la portera sans doute à vouloir une alliance faite pour la rendre heureuse et pour honorer sa famille, en l'honorant elle-même.

Le jour de l'union des fiancés, aussitôt après le mariage civil, la nouvelle mariée recevra des mains de M. le Maire, et dans son intégralité, la dot obtenue. A cet instant, les deux époux promettront d'éviter à leurs enfants les suites souvent funestes de la petite vérole, en les faisant vacciner avant qu'ils aient une année ; de leur faire apprendre à lire, à écrire, à calculer ; de leur inspirer tout d'abord le goût des choses honnêtes, et plus tard de leur rappeler souvent que, pour être heureux, il faut servir son pays, aimer ses concitoyens, ne rechercher l'aisance que dans le travail, et suivre en tout la voie de l'honneur. Cette promesse, écrite et signée, restera déposée à la mairie.

La présente donation aura son plein effet à partir du jour de mon décès ; bien entendu que la ville ne pourra entrer en jouissance, et remplir les conditions énoncées ci-dessus, qu'après le décès de l'usufruitier et la publication textuelle de ladite donation, imprimée isolément ou insérée dans le journal de l'arrondissement de Provins.

Fait au Chalet de Gally, parc de Versailles, le vingt-quatre octobre mil huit cent quarante-neuf.

(Le donateur, affecté d'une névrose qui intercepte sa vue, a été dispensé de signer.)

Le texte que présente cet extrait, quoique reproduit de mémoire, est exactement tel que je l'ai dicté, le 24 octobre, à M⁰ Pichard, et doit inspirer toute confiance.

Ce 27 Octobre 1849.

J.-C. SAVIGNY.

Cette lecture terminée, le Conseil décide de suite et à l'unanimité que les frais des obsèques de M. de Savigny seront, dans leur intégralité, acquittés par la ville ; que le terrein où va reposer son corps sera concédé gratuitement et à perpétuité à ses héritiers ; qu'un marbre, portant son nom et la date de sa naissance, sera posé au-dessus de la porte de la maison où il est né.

X.

Séance du Conseil Municipal du 18 Octobre 1851.

Le 17 octobre, Mademoiselle de Sainte-Ville, qui avait accompli le pieux devoir d'accompagner les restes de M. de Savigny, remet entre les mains de M. le Maire une lettre cachetée, qu'elle le prie de n'ouvrir qu'après son départ.

Le lendemain 18, le Conseil étant assemblé, M. le Maire fait l'ouverture de la lettre de Mademoiselle de Sainte-Ville, et, au milieu de l'attention et de l'émotion générale, il en donne lecture au Conseil :

« **A Monsieur le Maire de la ville de Provins.**

« Monsieur le Maire,

« Des rêves faits dans la jeunesse, M. de Savigny ne pouvait plus
« en réaliser qu'un seul. C'était de faciliter le mariage de pauvres
« jeunes filles, en pourvoyant aux premiers besoins du ménage. A
« force d'économie, de privations peut-être, M. de Savigny est
« parvenu à posséder la somme nécessaire à l'acquisition de 1200 fr.
« de rente trois pour cent, qu'il destinait à cette pieuse action.
« M. de Savigny a cru devoir me réserver la jouissance de ces
« 1200 fr. de rente, mais je ne veux pas, M. le Maire, que les jours
« qu'ils m'est donné de passer sur cette terre retardent le bonheur
« des jeunes filles qui auront mérité de recevoir le legs que leur
« bienfaiteur leur destine. Je supplie donc la ville de Provins de
« vouloir bien m'accorder la faveur d'accepter, dès ce moment, ma
« renonciation à la jouissance de ces 1200 fr. de rente.
« Les époques choisies par M. de Savigny, pour la célébration
« des mariages, sont le mois d'avril et le mois d'octobre. C'est dans
« ces mois que M. de Savigny et moi sommes nés. Mon désir le plus

« ardent est que le mois d'avril prochain, au jour de naissance de
« M. de Savigny, deux mariages soient célébrés, et que dès-lors le
« nom de M. de Savigny soit béni.

« Veuillez, M. le Maire, m'indiquer les formalités qu'il me faudra
« remplir pour mettre la ville de Provins en mesure d'exécuter sans
« retard les dernières volontés d'un de ses enfants.

« *J'ai l'honneur d'être avec respect, Monsieur le Maire, votre très-*
« *humble et très-obéissante servante,*

« AGATHE-OLYMPE LETELLIER DE SAINTE-VILLE. »

Gally, le 14 Octobre 1851.

Le Conseil municipal accepte la renonciation offerte et charge son secrétaire de formuler des remercîments en réponse à la lettre qui précède.

En conséquence, M. Bert propose la rédaction suivante :

« MADAME,

« Un rêve comme celui que M. de Savigny et vous venez de
« réaliser, est un beau témoignage de sollicitude envers les malheu-
« reux.

« M. de Savigny, en portant ses regards sur une partie de la
« société que ses souffrances lui avaient appris à aimer, y voyait de
« pauvres jeunes filles à qui l'infortune et la misère ferment souvent
« la voie du bien. Aider ces jeunes filles, les relever moralement à
« leurs yeux, fut la pensée qu'il poursuivit en cherchant les moyens
« de leur faciliter le mariage, état qui développe les plus nobles
« instincts de la femme : l'amour et le dévouement maternels.

« A force de persévérance et de privations, M. de Savigny par-
« vint à créer une rente de douze cents francs, destinée à doter
« chaque année quatre jeunes filles pauvres. Mais avant de réaliser
« ce rêve tant caressé, il fallait accomplir un devoir sacré envers
« une amie, un ange consolateur que la Providence lui avait donné
« comme pour lui faire aimer, bénir son malheur.

« Cependant, ce gage de reconnaissance, vous ne l'acceptez que
« pour nous l'offrir, que pour hâter l'accomplissement du vœu de
« M. de Savigny.

« Un dévouement si généreux n'a pas besoin d'éloges....

« Puissent les bienfaits de l'œuvre répondre aux nobles sentiments
« qui l'ont inspirée !

« Pour nous, Madame, nous sommes heureux, en cette circons-
« tance, d'être les organes de la ville de Provins, et de pouvoir vous
« offrir, avec nos remercîments, l'hommage de notre vive et respec-
« tueuse admiration. »

LES CONSEILLERS MUNICIPAUX :

MEUNIER, *Maire*, LUCQUIN, ARNOUL, RAFFENON, DUVOY, PRIEUR, BOURGEAT, DE LA CHAPELLE, BERT, MILLET, GARNIER, SIGNORET, LEBEAU, DEBRAY, RAY, BELLANGER, MODIN, DEVERT, PARISOT, MOCQUARD, GARNOT, MAYAUD et CRUEL.

XI.

Voici le testament de M. de Savigny publié : Combien il inspire de vénération pour l'âme d'élite qui, au creuset de mystérieuses et incessantes souffrances, s'est embrasée d'amour et agrandie, au lieu de se retirer sur elle-même et de maudire ! Combien il fait aimer l'homme qui a tant aimé ! Heureux aujourd'hui, notre bien-aimé compatriote, d'avoir mérité par un martyre bien long sans doute, mais fini pour toujours, un dévouement devant lequel pâlissent les théâtrales amitiés tant vantées par l'antiquité païenne, et auquel vont se joindre pour des siècles l'amour des Provinois.

L'attente des cérémonies auxquelles vont donner lieu, deux fois par an, les mariages nouvellement institués, excite l'esprit public à se les figurer d'avance. On a la confiance qu'elles auront toute la dignité exigée par le respect dû au fondateur, et nécessaire pour frapper l'esprit des futurs époux; mais chacun s'en fait une image différente.

Voici pour nous celle qui nous sourit le plus : Chaque mariage serait une fête municipale qui rappellerait en même temps la mémoire des bienfaiteurs et ferait de la cité entière le témoin de la promesse que le testament exige des époux. L'officier de l'état civil dirait d'abord quel fut M. de Savigny, comment son amie, à laquelle nous étions étrangers, s'est dépouillée pour nous faire jouir immédiatement du bienfait qui nous était destiné seulement après elle; et, associant deux noms inséparables désormais, il terminerait en donnant lecture de la belle formule du testament; puis il remettrait à l'épouse, au nom de MARIE-JULES-CÉSAR LELORGNE DE SAVIGNY et de Mademoiselle AGATHE-OLYMPE LETELLIER DE SAINTE-VILLE, la dot destinée à acquérir *les meubles nécessaires à leur entrée en ménage et les instruments indispensables à l'exercice de leur profession.*

Quelle belle journée on se promet! que la joie goûtée sera douce et sans arrière-pensée! Au lieu de voir associer la misère de la femme à celle de l'homme, nous verrons donner à deux jeunes époux l'instrument du travail et la certitude du bien-être. Quels beaux châteaux en Espagne écloront pendant leur première nuit! et ces châteaux deviendront pour beaucoup la première pierre d'un solide établissement.

Et quelle nouveauté dans la position faite à l'épouse! comme la femme est relevée! Elle a choisi dans l'entière liberté de son cœur, et si elle demande, à celui qui sera le père de ses enfants, la protection de la force et de l'énergie dévolues à l'homme, elle lui apporte, avec la grâce et la constance de ce dévouement qui est le plus bel apanage de la femme, **un capital qui rendra leur travail plus fructueux.**

Dans son légitime orgueil et dans sa joie, la jeune mariée reportera, nous n'en doutons pas, ses pensées vers le bienfaiteur; et, c'est un cœur de femme qui l'a prévu, elle conduira son époux à la tombe de M. de Savigny (8). Là, sous la salutaire influence de cette belle âme, les promesses déjà faites devant les hommes et devant Dieu, seront pieusement renouvelées dans la sincérité de leurs cœurs.

Heureux le pays qui inspire tant d'amour à ses enfants et aux amis de ses enfants! Heureux Provins, qui, après avoir perdu ta gloire et ta splendeur, trouves encore d'aussi beaux noms à ajouter à ceux dont tu gardes la mémoire!

Émile LEFÈVRE.

XII.

CONSEIL MUNICIPAL DE LA VILLE DE PROVINS.

Séance du 2 Décembre 1851.

M. le Maire informe le Conseil qu'il a reçu de M° Pichard, notaire à Versailles : 1° l'expédition du testament de M. Lelorgne de Savigny, contenant le legs à la ville de Provins, d'une rente de 1200 francs; 2° l'expédition de la renonciation, par Mademoiselle de Sainte-Ville, à l'usufruit de cette rente.

Le Conseil est d'avis d'accepter ces donation et renonciation, et prie M. le Maire de solliciter de l'administration supérieure l'autorisation nécessaire pour entrer immédiatement en jouissance.

Le Conseil, voulant perpétuer le souvenir d'un de ses meilleurs citoyens, décide, sur la proposition du Maire : le nom de M. DE SAVIGNY sera donné à la rue qui, longeant la partie latérale de la maison où il est né, aboutit à l'ancienne abbaye de S.-Jacques.

VILLE DE PROVINS.

AVIS

Concernant l'exécution du Testament de M. LELORGNE DE SAVIGNY.

Le Maire de Provins fait savoir que l'exécution du testament de M. Lelorgne de Savigny commencera au mois d'avril prochain. A cette époque, deux dots seront délivrées par la municipalité : l'une à une jeune fille de la Ville-Basse, l'autre à une jeune fille de la Ville-Haute. Il prévient, en outre, que le 15 février, présent mois, est le terme *de rigueur* pour l'inscription, à la Mairie, des jeunes filles qui voudront profiter des dispositions bienfaisantes de M. de Savigny.

Provins, le 8 Février 1852.

LE MAIRE,

MEUNIER.

CONSEIL MUNICIPAL DE LA VILLE DE PROVINS.

Séance du 21 *Février* 1852.

RÉSUMÉ SOMMAIRE.

Etaient présents :

MM. MEUNIER, Maire, *Président;* GARNOT et RAFFENON, *Adjoints;* LUCQUIN, DUVOY, PRIEUR, BOURGEAT, MILLET, GARNIER, SIGNORET, LEBEAU, RAY, BELLANGER, MODIN, DEVERT, PARISOT, MOCQUARD, CRUEL et DEBRAY, ce dernier *Secrétaire.*

Le Conseil est appelé, pour la première fois, à désigner parmi les jeunes filles nées à Provins et remplissant les conditions voulues, les deux d'entre elles qui seraient jugées les plus dignes de recevoir le legs institué par M. Lelorgne de Savigny.

Conformément aux dispositions du testament, le registre d'inscription, ouvert à cet effet, a été clos le 15 février.

Cinq jeunes filles seulement se sont fait inscrire.

Le Conseil, après avoir examiné les droits de chacune, décide que les deux dots du printemps seront données : l'une à Mademoiselle DENISE-ADOLPHINE CHAMPION, née à la Ville-Haute, paroisse S.-Quiriace, le 16 juillet 1830, et l'autre à Mademoiselle CAROLINE-ELÉONORE BOUCHEREAU, née à la Ville-Basse, paroisse Sainte-Croix, le 27 octobre 1832.

Ici se termine cette série de pièces qui forment le récit de l'œuvre généreuse de notre illustre Provinois.

Remarquons, à l'honneur de notre cité, qu'elle s'est montrée digne du bienfait par son intelligente appréciation : elle paie chaque témoignage d'un noble retour, et l'on voit, sans interruption, sa pensée s'unir et répondre à celle du testateur.

NOTES.

(1) Il avait un talent tout particulier pour le gouvernement d'une grande maison, et cent ouvriers à diriger ne l'effrayaient pas. C'était réellement un second d'Aligre. Par un travail de près de douze années, l'abbaye de S.-Jacques reçut en bâtiments, en jardins, plantations et eaux jaillissantes, une extension, un embellissement des plus remarquables. Les terrasses étaient magnifiques. Au-dessus de la dernière, s'élevait la maison principale, assise sur seize arcades et supportant un élégant belvédère. Le voyageur s'arrêtait pour admirer..... Le père Guignace allait jouir de ses travaux : l'ouragan révolutionnaire les détruit de fond en comble !!! Le bon religieux, nouveau Jérémie, pleura longtemps sur les ruines. Son corps repose au pied d'une croix de pierre, dans l'ancien cimetière S.-Nicolas (C'est le haut de mon jardin ; je ne m'y arrête jamais sans un sentiment de tristesse et de vénération).

---

(2) Il était le successeur d'un bibliothécaire non moins savant, le P. Antoine Mongez, l'un des membres de la formation primitive de l'Institut et de la Légion d'honneur, et, sous l'Empire, administrateur des monnaies.

---

(3) Cette pauvreté toutefois ne lui pesait pas ; il la portait avec l'heureuse insouciance de la jeunesse : sa mère seule lui manquait. Pouvait-il disposer de quelques heures, il franchissait à pied l'espace qui sépare Provins de Paris, afin de la voir un instant, et le chemin pour lui n'était long qu'au retour.

---

(4) « *Versailles, le 4 Octobre* 1843.

« A Monsieur CURÉ, Juge a Provins.

Monsieur,

« Un voyage récent m'a empêché jusqu'à ce jour de vous remercier, en mon nom
« et en celui de M. Savigny, des renseignements sur la ville de Provins, que vous

« avez bien voulu transmettre à mon ami Landrin. J'écris à l'instant à M. le Maire
« de votre ville, afin d'obtenir de lui une audience officielle, pour offrir à la ville de
« Provins, au nom de M. Savigny, le grand ouvrage d'Egypte, dont il lui fait
« hommage.

« J'espère donc, Monsieur, avoir l'honneur de vous voir et vous remercier
« personnellement d'avoir bien voulu un instant suspendre vos graves occupations
« pour entrer dans des détails qui ont dû être fort ennuyeux pour vous, mais qui
« ont été bien agréables à mon bon et malheureux ami.

« *Recevez, Monsieur, l'assurance de ma considération distinguée,*

« LEROI. »

Voici comment, dix-huit mois plus tard, M. de Savigny réalisait sa promesse :

EXTRAIT DU REGISTRE DES DÉLIBÉRATIONS DU CONSEIL MUNICIPAL DE LA VILLE DE PROVINS.

Séance du 24 Avril 1845.

Le Conseil municipal de la ville de Provins, réuni dans la salle de ses délibérations, à l'Hôtel-de-Ville, où étaient présents :

MM. DESTREMAU, Maire, *Président;* CHOISELAT, MARIN, OPOIX, ARNOUL, LUCQUIN, BOURGEAT, MEUNIER, Max. MICHELIN, DEVERT, VIOT, MICHAUD, MILLET, PARISOT, MATTELIN, LEBEAU, MARCILLY, PRIEUR, GUÉRARD, CHANCENEST et BRIOIS, *Secrétaire.*

Sur l'avis, donné par M. le Maire, que l'ouvrage d'Egypte, offert par M. Lelorgne de Savigny à la ville de Provins, venait d'être déposé à l'hôtel de la Mairie par M. Leroi, bibliothécaire de la ville de Versailles, avec le meuble destiné à le recevoir, le Conseil municipal s'est transporté à la Bibliothèque, où se trouvaient réunis M. le baron Lelorgne-d'Ideville, ancien Secrétaire de l'Empereur, Maître des Requêtes au Conseil d'Etat, Membre de la Chambre des Députés; M. Leroi, M. Lenoble, beau-père de M. Leroi; M. Prêtre, Dessinateur de l'expédition d'Egypte, et M. Chardon, bibliothécaire.

Le Conseil, après avoir examiné avec le plus vif intérêt ce splendide ouvrage, la richesse de sa reliure, la magnificence de ses détails, l'heureuse appropriation du meuble qui le contient, ne peut que renouveler, à M. de Savigny, l'expression de sa vive reconnaissance, pour ce cadeau vraiment royal; Provins conservera religieusement ce monument des travaux et de la munificence d'un de ses enfants, qui, au milieu de toutes les vicissitudes d'une vie agitée par les labeurs de la science, et malgré les angoisses d'une cruelle maladie, s'est rappelé une promesse faite il y a trente-cinq ans à sa ville natale, et vient de la doter d'un ouvrage d'autant plus précieux qu'il est enrichi par lui d'additions et notes manuscrites qui en font un ouvrage unique.

Le Conseil municipal prie M. Leroi et les honorables personnes qui ont bien voulu l'accompagner, d'être auprès de M. de Savigny les interprètes de ses sentiments d'admiration et de gratitude.

———

(5) Le temps justifie si rarement les prévisions de l'enthousiasme, qu'on nous saura gré de reproduire la pièce suivante. Elle n'est pas déplacée dans ce recueil consacré à la mémoire de M. de Savigny : C'est l'espérance à côté du regret.

EXTRAIT DU REGISTRE DES DÉLIBÉRATIONS DU CONSEIL MUNICIPAL DE PROVINS.

Séance du 15 Août 1846.

Où étaient présents :

MM. DESTREMAU, Maire, *Président;* CHOISELAT, MARIN, OPOIX, ARNOUL, LUCQUIN, BOURGEAT, MEUNIER, MICHELIN, VIOT, DEVERT, MICHAUD, MILLET, PARISOT, MATTELIN, LEBEAU, MARCILLY, PRIEUR, GUÉRARD, CHANCENEST et BRIOIS, *Membres,* ce dernier *Secrétaire.*

Le Conseil municipal a appris avec la plus vive satisfaction le succès éclatant obtenu au Concours général par le jeune LENIENT, auquel viennent d'être décernés le prix d'honneur de Discours latin, le premier prix de Discours français (vétérans), et le deuxième accessit d'Histoire (vétérans).

Enfant de Provins, le jeune LENIENT a répondu par un travail soutenu à la sollicitude constante du Conseil ; aujourd'hui il s'est surpassé lui-même en remportant un succès inouï dans les fastes universitaires.

Une ville s'honore en encourageant et en récompensant les jeunes gens appelés à l'illustrer un jour.

Elle excite en même temps parmi ses enfants une noble émulation, qui tourne au profit de la chose publique.

Le Conseil arrête, à l'unanimité : qu'une médaille d'or, rappelant le double succès du jeune LENIENT au Concours général (1846), lui sera décernée par le Conseil municipal, au nom de la ville.

Le portrait du jeune LENIENT sera placé dans l'une des salles du Collége, afin de rappeler aux enfants de la cité provinoise ce qu'ils sont en droit d'attendre du travail et de la bonne conduite.

Une inscription, mentionnant le double triomphe de LENIENT, sera posée dans la salle principale d'étude du Collége.

Ses deux compositions, latine et française, seront imprimées à cent exemplaires, dont un sera déposé à la Bibliothèque communale.

Un crédit de 1,000 francs est ouvert à l'effet de subvenir aux dépenses votées par la présente délibération; il sera inscrit au budget supplémentaire 1847.

L'exécution de la délibération est confiée aux soins d'une Commission qui sera présidée par M. le Maire de Provins.

Sont nommés Membres de ladite Commission : MM. BRIOIS, MICHELIN et PARISOT.

---

(6) M° Michel ROUSSELET, ancien Avocat du Roi, Membre de l'Assemblée Constituante, Administrateur des Hôpitaux. L'austérité de ses principes lui valut, en 1793, l'honneur d'une longue détention. C'était un de ces hommes qui n'obéissent qu'à leur conscience. Il est mort à Provins, le 4 septembre 1834, âgé de 89 ans.

Louis-Etienne CRESPIN DE LA RACHÉE, ancien Conseiller du Roi, Lieutenant-Général au Bailliage et Siége Présidial de Provins, Président au Tribunal civil de la même ville, Conseiller à la Cour royale de Paris, Chevalier de la Légion d'honneur, s'est éteint doucement à Provins, sa patrie, le 22 décembre 1850, dans sa 94° année.

Judicavit in æquitate : Justitia JUSTI *super eum erit.*

EZECH.

Hector BESNARD, Capitaine au 100° Régiment d'infanterie, Chevalier de l'ordre impérial de la Légion d'honneur, né à Provins le 17 mai 1773, a fait, comme volontaire, les glorieuses campagnes de la République et de l'Empire (1792 à 1814). Quatre fois blessé grièvement, à Iéna, à Albuhéra, à Miranda, il lui fallut prendre sa retraite. Usé par les fatigues de la guerre, une paralysie, dont il fut atteint en 1845, n'eût pas beaucoup à faire pour le réduire à l'immobilité. Il cessa de vivre le 5 décembre 1851.

Ses dernières dispositions méritent d'être rapportées : « Je lègue à l'Officier qui commandera le détachement chargé de me rendre les honneurs militaires, mon épée et ma croix. Je veux, en outre, qu'il soit donné cinq francs à chacun des cinquante cavaliers qui formeront mon escorte funèbre. »

Un jeune Officier du 4° Régiment de chasseurs, M. Guy de Contenson, a recueilli ce legs touchant. L'épée du brave Capitaine est en bonnes mains, et bientôt, soyons-en sûrs, sa croix reparaîtra sur un noble cœur.

(7) Londres, Dublin, Stocholm, Turin, Florence, Moscou, Saint-Pétersbourg, Berlin, etc., etc., etc. La plupart des Académies de l'Europe regardèrent comme un honneur pour elles d'inscrire dans leurs rangs le nom de M. de Savigny.

---

(8) Cette tombe vient d'être élevée, par le dévouement pieux et infatigable de l'exécutrice testamentaire, sur l'emplacement offert si généreusement par la ville dans le cimetière de S.–Quiriace.

M. de Savigny se plaisait à dire qu'il aimerait à reposer, pendant l'éternité, sous l'ombre d'un bois.

Son amie a, le plus possible, accompli ce vœu par des plantations. Dieu les défende du vent hostile de notre montagne !

M. de Savigny avait dit aussi qu'il ne voulait nul ornement pour sa tombe. On a respecté sa défense par l'érection d'une simple pierre, où se lit son nom.

www.ingramcontent.com/pod-product-compliance
Lightning Source LLC
LaVergne TN
LVHW021008090426
835512LV00009B/2141